우연의 질병, 필연의 죽음

『急に具合が悪くなる』
KYU NI GUAI GA WARUKU NARU
Written by MIYANO Makiko, ISONO Maho
Copyright©2019 MIYANO Makiko, ISONO Maho
Original Japanese edition published by SHOBUNSHA Co.,Ltd,Tokyo, Japan
Korean edition is published by arrangement with SHOBUNSHA Co.,Ltd. through
AMO Agency.

우연의 질병,

죽음을 앞둔 철학자가 의료인류학자와 나눈 말들

필연의 죽음

미야노 마키코 · 이소노 마호 지음
김영현 옮김

다다
서재

차
례

미야노 마키코
宮野 真生子

학부 시절에는 연극부에서 각본과 연출을 담당했다. 연극에 열중하느라 2년 동안 10학점밖에 취득하지 못했지만, 어쩌다 보니 4년 만에 무사히 졸업했다. 연극을 하며 생각하던 것이 바로 철학이었다는 사실을 3학년 때 깨닫고 철학의 길을 나아가기로 결심했다.

자타공인 탐식가로 남에게 음식 추천하길 좋아하며, 주위에서는 '뭘 먹을지 고민될 때는 미야노에게 물어봐.'가 원칙처럼 통한다. 특히 라면은 밀가루 선택부터 제면까지 직접 할 정도다. 프로야구 팀 히로시마 도요 카프의 열성 팬으로 야구광이다. 프로야구 선수를 보면 아마추어 시절 경력부터 줄줄이 읊는 버릇이 있어서 동료 연구자들이 피하곤 한다. 얼핏 차갑고 냉정한 사람 같지만, 실은 정열이 넘쳐서 뜨거운 우정이나 학생들의 열의에 쉽게 감동하고 혼자 몰래 눈물 흘리기도 한다.

전문 분야는 주로 우연성을 다룬 20세기 초 철학자 구키 슈조이며, 지은 책으로 『왜 우리는 사랑하며 살아가는가: '만남'과 '연애'의 근대 일본 정신사』 『마주침의 아련함: 구키 슈조의 존재논리학과 해후의 윤리』 등이 있다. 후지타 히사시와 함께 '사랑·성·가족의 철학' 시리즈(전3권)를 엮었다.

이 서간집의 에이스로 병 때문에 떨어진 체력을 타고난 끈기와 경이로운 정신력으로 보충했다. 특히 여덟 번째 편지에서는 전율이 일어날 정도로 뛰어난 강속구를 던졌고, 공을 받아낸 이소노 마호가 그대로 벽까지 날아가 30분 동안 쓰러져 있었다는 전설이 있다. (실화를 바탕으로 한 전설이다.)

이소노 마호
磯野 真穂

학부 시절에는 운동생리학을 전공했다. 졸업 후에 애슬레틱 트레이너athletic trainer를 목표하여 미국으로 유학을 갔지만 우연히 접한 문화인류학에 큰 충격을 받아서 사흘 뒤에 전공을 변경했다.

취미로 시작한 복싱에 푹 빠져서 서른을 넘긴 나이에 C급 프로복서가 되었다. 가라테 초단이기도 하다. 뒤늦게 자신이 격투기에 너무 깊이 빠진 건 아닌가 당황하고 있다. 프로야구 팀 세이부 라이온즈의 팬이다. 어린 시절에는 세이부의 신문 기사를 스크랩했는데, 집에서『요미우리신문』을 본 탓에 요미우리 자이언츠의 기사만 실려 있어서 실은 거의 스크랩하지 못했다.

연구 주제는 신체, 섭식, 의료, 불확실성이며, 지은 책으로『왜 평범하게 먹을 수 없는가: 거식과 과식의 문화인류학』『의료인이 말하는 정답 없는 세계: 목숨을 지키는 이들의 인류학』『다이어트 환상: 마른다는 것, 사랑받는다는 것』등이 있다.

이 책에서는 주로 질문을 던지는 역할을 맡았지만, 내용에 따라 투수, 포수, 외야수, 상대 선수, 코치 등을 변화무쌍하게 오갔다. 체력과 순발력은 뛰어나지만 지구력과 정신력이 부족한 탓에 나중에는 편지를 쓸 때마다 기진맥진해 처참한 몰골이 되었다. 이 책의 에이스가 병중에서 '나란 무엇인가?'라는 물음에 답을 구하는 동반자로 자신을 선택했다는 걸 나중에야 듣고 무척 놀랐다.

일러두기

1. 본문 중 각주는 모두 옮긴이의 것입니다.
2. 본문 중 고딕체는 원서에서 고딕체로 강조한 부분입니다.
3. 외래어는 국립국어원 외래어 표기법을 준수하되, 일부는 일상에서 널리 쓰이는 표기를 따랐습니다.
4. 참고문헌과 주에 나오는 도서 중 한국에 출간된 경우는 한국어판 서지 정보를 수록했습니다.
5. 지은이 중 미야노 마키코는 이 책의 편집 도중 영면했습니다. 미야노 마키코가 미처 저자 교정을 보지 못한 부분은 이소노 마호가 대신 맡았지만, 고인의 글을 되도록 그대로 남겨두기 위해 최소한만 수정했습니다.

이 기묘한 편지를 써보자고 말을 꺼낸 사람은 바로 저, 미야
노 마키코입니다. 처음 기획할 때만 해도 꽤 폭넓은 분야를 아
우를 예정이었지만, 뒤늦게 정신을 차리고 보니 결국 생과 사
를 둘러싼 다큐멘터리이자 생과 사를 함께하는 사람들의 해후
에 대한 이야기가 되었습니다. 혹은 병에 걸린 한 철학자가 '영
혼의 인류학자'에게 기대며 내보낸 말들을 기록한 책이라고 해
도 무방하겠습니다. 물론 그 말들을 저 혼자 써낸 것은 아닙니
다. 항상 이소노 마호라는 동반자가 옆에서 받아주며 이끌어주
었습니다. 이소노 씨는 영문도 모른 채 갑자기 병세가 악화될
지도 모르는 제 상황의 한복판에 휘말리고 말았습니다.

제가 처음 이소노 씨에게 편지를 주고받자 제안했을 때는 당
연히 몸속에서 자라는 암을 당사자인 제가 어떻게 받아들이는
지 이야기해보려 했습니다. 그리고 나아가 질병을 앓는 삶의
불확실성과 위험성을 이소노 씨와 함께 전문적으로 깊게 파고
들겠다는 학문적 야심도 있었지요.

그 때문에 제 암 투병을 중심에 두긴 했지만 생과 사뿐 아니

라 신체와 위험성을 둘러싼 이야기가 유유자적하게 저와 이소노 씨 사이를 오갔습니다. 그런데 편지를 주고받는 사이에 정말로 갑자기 병세가 악화되기 시작했습니다. 그 뒤로 편지의 분위기는 급변했지요.

언제부터 저는 '정말로 병이 악화되었을까요?', 언제부터 이소노 씨는 '저와의 만남과 이별을 동시에 경험'하면서 편지를 주고받게 되었을까요? 언제부터 우리는 이런 길로 이끌렸을까요? 단지 우연이 거듭된 결과일까요, 아니면 필연일까요? 이런 질문들 역시 이 책의 주제입니다.

늘 불확실한 시간이 흐르는 가운데 누군가와 만나는 것의 의미와 그 만남이 선사하는 놀라움. 당연히 그 만남에서 도망칠 수 있는데 왜 그러지 않았을까, 만남을 통해 과연 무엇을 얻었을까, 하는 의문. 저와 이소노 씨는 이리저리 엉킨 가느다란 실을 더듬어 풀듯이 뜻밖의 만남이 선사한 인연 속으로 천천히 (때로는 서둘러서) 나아가며 고심했습니다.

마지막으로 여러분이 보게 될 풍경이 그 인연 너머에 있는 '시작'으로 가득한 세계로 이어지길 기도합니다.

미야노 마키코

갑자기
병세가 악화될지도
모릅니다

인사드립니다 ────────

지난 주말은 여름처럼 무더웠는데, 이번 연휴는 첫날부터 비가 내리네요. 심지어 쌀쌀하고요. 그래도 저희 집 고양이 냐아(옅은 갈색 줄무늬, 7세)는 여전히 복슬복슬합니다. 방금 전까지 뭐라 뭐라 하며 밀크티 색 오른쪽 앞발로 제 허벅지를 두드렸습니다. 아침 6시부터 8시까지는 냐아가 놀아달라고 조르는 시간입니다. 그 뒤에는 아무것도 하기 싫은지 불러도 돌아보지 않지만요.

자, 약 반년 전인 2018년 11월로 돌아가볼까요.

몸과 먹을거리의 관계를 문화인류학 관점에서 고찰하는 워크숍 '몸의 슐레schule, 학교'를 준비하며 우리는 이메일을 주고받았습니다. 그때 미야노 씨가 "갑자기 병세가 악화될지도 모른다."

라는 말을 의사에게서 들었다고 말했지요. 그 순간이 지금도 선명히 기억납니다. 솔직히 깜짝 놀랐습니다.

미야노 씨가 유방암을 앓고 있다는 사실은 2018년 9월에 열렸던 '문예공화국 모임'(재야연구자 사카마키 시토네逆巻 しとね가 주최하는 모임으로 학자와 학자, 학술계와 대중을 연결하는 것을 목표합니다.)의 행사 뒤풀이에서 어렴풋이 들었습니다.

저는 내심 미야노 씨의 암은 나을 것이라고, 갑자기 악화되진 않으리라고 생각했습니다. 당시 미야노 씨가 담담하게 말하기도 했지요. 그리고 "예전에는 암을 불치병이라고들 했지만, 지금은 의료가 발전해서 많은 암 환자들이 증상이 완화되거나 완치되어 건강히 살 수 있다."라고 하는 암 전문가와 당사자들의 말에 제가 계몽되었던 것 같습니다. 제 머릿속에는 암에 걸린다고 반드시 죽지는 않는다는 사실을 증명하는 그래프나 통계 수치도 있었고요.

'수전 손택이 『은유로서의 질병』*을 쓴 시대와는 많이 달라졌다.'

저는 암을 '정보'로 접할 때 막연히 이렇게 생각했습니다.

암에 대한 인식이 그 수준이었기 때문에 "다발성 전이가 일

---

* 　이재원 옮김, 이후 2002.

어나 좋은 상태가 아니다."라고 들었을 때도 '다발성 전이? 그게 무슨 말이지?'라고 생각했습니다. 일단 구글에서 검색해보았는데 글자로 쓰인 정보밖에 알 수 없었습니다. 하지만 '다발성 전이'의 연관 검색어를 통해 많은 이들이 '얼마나 더 살 수 있을지'를 함께 찾아본다는 것, 정작 남은 생에 대해 구체적인 정보가 있는 사이트는 없다는 사실을 알았습니다.

검색하는 건 그만두었습니다. 다발성 전이가 무엇인지 글로 공부하는 것은 중요하지 않았기 때문입니다. 더 중요한 것은 의사에게서 "갑자기 병세가 악화될지도 모른다."라는 얘기를 들은 미야노 씨가 유료 강연의 강연자로 나서도 될지 망설이고 있다는 사실이었습니다.

저는 잠깐 고민했습니다. 미야노 씨가 갑자기 아프면 무엇이 곤란해질까? 그리고 애초에 '갑자기 병세가 악화되다'란 대체 무엇을 의미할까?

첫 번째 의문에 대한 답은 간단히 찾았습니다. 미야노 씨가 아프면 신청자들에게 강연 취소를 공지하고 입장료를 환불해주면 됩니다. 사실 곤란한 일이 생기는 게 아니라 단순히 절차와 수고가 늘어날 뿐입니다. '몸의 슐레' 신청자들은 온화하고 배려심이 깊은 분들이 많으니 강연자의 건강 문제로 강연을 중지한들 큰 문제는 없을 것입니다. 뒤에서 도와주는 사무국의 하야시 리카 씨 역시 흔쾌히 수고를 감수하고 신속하게 처리해 줄 분이고요.

문제는 두 번째 의문입니다. '갑자기 병세가 악화되다'란 대체 무엇을 의미할까요?

의사가 미야노 씨에게 "갑자기 병세가 악화될지도 모른다." 라고 전한 것은 의사로서 100점짜리 정답이었겠지요. 하지만 그 말을 들은 사람은 당황할 수밖에 없습니다. 우리는 확률 속에서 살아가진 않기 때문입니다.

우리는 화요일 저녁 6시부터 강의를 한다든가, 5월 19일 학회가 있다든가 하는 구체적인 예정 속에서 살아갑니다. 그런 예정 속에 '갑자기 몸 상태가 나빠질 가능성'을 집어넣는 것이란 어떤 의미일까요?

생각할 지점은 더 있습니다. 미야노 씨가 아니라 제가 갑자기 아플 가능성도 0퍼센트는 아닙니다. 교통사고를 당해 세상을 떠날 수도 있고, 돌연히 뇌출혈이 일어날 수도 있습니다. 저 역시 그런 가능성을 품은 채 살고 있습니다.

확률이란 모집단 내에 경향으로 존재할 뿐입니다. 아무리 증거에 기초해 병세가 악화될 가능성이 높다고 경고를 받은들 실제로 악화된 환자들 속에 미야노 씨가 포함될지 어떨지는 알 수 없습니다. 낮은 확률이지만 미야노 씨가 아무렇지 않은 사람일 가능성도 있기 때문입니다.

마찬가지로 교통사고를 당해 그 자리에서 숨을 거둘 확률이 아무리 낮다고 해도 실제로 그런 일을 당한 이들이 적으나마 분명히 존재합니다. 제가 그런 소수파에 포함될 가능성이 아예 없다고는 할 수 없지요.

이렇게 생각해보면 저와 미야노 씨가 다른 점은 생각보다 별로 없습니다. 그에 덧붙여 만약 제가 갑자기 아프면 강연회는 어떻게 될까요? 주최자가 갑자기 아파도 참석자들에게 폐를 끼치는 것은 똑같습니다. 그에 대한 대응 역시 '병세가 악화될 가능성을 들은 미야노 씨'가 진짜로 상태가 나빠졌을 경우와 비교해보면 거의 다르지 않지요.

게다가! 게다가 말입니다. '갑자기 아프면 안 되니까' 강연을 취소했는데, 만약 당일에 아무렇지 않다면 어떡해야 할까요? '아무 일도 없었지만, 혹시 어떻게 되었을지 모르니 안 하길 잘한 거야.' 이렇게 생각하면 될까요?

자, 약간 돌아가겠습니다. 이쯤에서 확률에 대한 이야기에 깊이를 더하기 위해 제가 순환기내과 외래 현장을 조사하다 만난 한 여성에 대해 이야기해보겠습니다. 비밀을 보장해야 할 의무가 있어서 좀 각색했지만 요점은 달라지지 않았습니다.

그 공원에 한 번 더

야마다 도요코 씨(72세)는 반년 전에 발견한 심방 잔떨림을 치료하기 위해 신주쿠에 있는 순환기 전문 병원을 다니고 있습니다. 심방 잔떨림이란 부정맥의 일종인데 곧장 생명과 직결되는 부정맥은 아닙니다. 하지만 심방에 피가 고여 혈전이 생기기 쉬운데, 그 혈전이 뇌로 이동하면 뇌경색을 일으킵니다. 그래서 뇌경색을 방지하기 위한 가이드라인에 따라 피가 굳지 않게 하는 항혈전 요법이 이뤄집니다. 다만 도요코 씨의 심방 잔떨림 증상은 늘 일어나지는 않는 '발작성'이라 아직 치료가 필요한 지표에 해당하지 않았기 때문에 항혈전 요법이 처방되지 않았습니다. 발작성은 시간이 지나며 '만성'이 되는 경우가 많다고 하지만, 처음 심방 잔떨림 파형을 확인하고 몇 년 동안 발작이 나타나지 않는 사람도 있습니다.

도요코 씨는 집 근처 언덕 위의 공원에 파피용종 반려견 산타로를 데리고 산책을 나갔다가 처음 심방 잔떨림 발작을 겪었습니다. 두 자녀가 한참 전에 독립한 뒤 남편과 둘이 살아가는 도요코 씨에게 반려견은 자식이나 다름없습니다. 그날은 초가을에 날씨도 쾌청했는데, 도요코 씨는 아직 여름 기운이 남아 있는 시원한 오전에 산책을 나갔습니다. 산책을 무척 좋아하는 산타로는 나비 날개 같은 귀와 꼬리를 쫑긋 세우고 도요코 씨의 곁을 늠름하게 걸었습니다. 여느 때와 다르지 않은 산책이었지만 조용한 공원으로 향하는 계단을 오르는 순간, 도요코 씨의 심장이 여태껏 느껴본 적 없는 속도로 뛰기 시작했습니다. 잠시 쉬니 평소대로 돌아와서 집까지 무사히 돌아왔지만, 뭔가 이상하다고 느낀 도요코 씨는 얼른 병원으로 가 검사를 받았습니다. 진단 결과는 심방 잔떨림이었지요.

심방 잔떨림에 대한 설명을 들은 도요코 씨는 만성이 되어 뇌경색이 일어나는 것만은 어떻게든 피하고 싶었기 때문에 생활 방식을 아예 바꿨습니다. 일주일에 한 번씩 친구와 노래방에 가서 마시던 술을 끊었습니다. 자극을 주는 것이 좋지 않을 수 있다며 노래방에 가는 횟수도 줄였지요. 장거리 이동이 심장에 부담을 줄까 봐 아버지의 기일에 가던 성묘도 그만두었습니다. 반려견과 산책하는 것은 남편에게 맡겼습니다. 짐을 들거나 오르막길을 오르면 심장이 무리할수 있다고 의사가 말했기 때문입니다.

그렇게 반년이 지났고 도요코 씨는 그 사이에 아무런 발작도 겪지 않았습니다. 자신감을 얻은 도요코 씨는 두 달마다 가던 진료를 앞두고, 처음 발작을 겪은 날에 대한 설욕이라며 산타로와 함께 오랜만에 산책을 나섰습니다. 그날처럼 귀를 쫑긋 세우고 즐거운 듯이 꼬리를 흔드는 산타로와 공원으로 향하는 계단을 천천히 올랐습니다. 반년 전에 겪었던 발작은 일어나지 않았습니다.

도요코 씨는 생각했습니다. '나은 게 틀림없어!'

이튿날 도요코 씨는 의사에게 기쁜 소식을 알릴 기대감에 차 병원을 찾았습니다. 그런데 접수를 하던 그 순간, 다시 똑같은 발작이 일어났습니다. 심전도를 보니 심방 잔떨림의 파형이 나타났습니다. 의사는 "심방 잔떨림은 한번 나타나면 어떻게 해도 다시 일어나기 쉬워요."라며 침울해하는 도요코 씨를 진정시키고 기운을 북돋우려 했습니다. 하지만 도요코 씨는 충격을 감출 수 없었습니다.

미야노 씨가 현재 겪고 있는 암과 발작성 심방 잔떨림. 전혀 다른 질환이지만, 갑자기 악화될 가능성이 숨어 있다는 점은 비슷합니다. 저는 미야노 씨가 작년 11월에 보낸 메일을 떠올릴 때마다 도요코 씨가 생각납니다.

도요코 씨의 심방 잔떨림이 재발한 것은 의학적으로 상정해 두었던 일입니다. 그러니 도요코 씨가 반년 동안 심방 잔떨림을 완치하려고 노력한 것은 의학적으로 의미 없는 일이라고 하는 의사가 있을지도 모릅니다. 하지만 만약 도요코 씨의 심방 잔떨림이 몇 년이 지나도 재발하지 않았다면 어떨까요? 그래도 도요코 씨의 노력에 의미가 없다고, 인과 관계가 없다고 단언할 수 있을까요? 과학적으로는 '그렇다'라고도 '아니다'라고도 말할 수 없습니다.

도요코 씨는 가능성을 고려해서 음주, 성묘, 반려견과 산책

등 많은 일을 포기했습니다. 의사의 설명에 잘못된 점은 없고, 심장에 부담을 주지 말자는 도요코 씨의 생각에도 오류는 없겠지요. 다만 눈앞에 나타난 확률 때문에 도요코 씨의 생활이 바뀌어버린 것은 사실입니다.

어느 역학자가 만든 수식에 대입하여 계산한 '일어날지도 모를' 확률은 한 개인의 일상을 송두리째 바꿔서 미래의 가능성을 봉쇄해버립니다. '리스크 관리'가 중요하다고 강조되는 오늘날, 개인의 사소한 인생에 일어나는 변화는 계산 결과인 숫자 앞에서 간단히 사라져버립니다. 숫자는 압도적일 정도로 분명하며 객관적이라고 여겨지기 때문입니다. 하지만 저는 도요코 씨의 일화를 떠올릴 때마다 확률의 강력한 힘을 깨닫는 동시에 확률에 얼마나 죄가 많은지를 절감합니다.

이야기를 되돌리겠습니다. 저는 결국 '분명히 괜찮을 거야.'라는 마음속의 묘한 확신에 기대어 미야노 씨에게 "혹시 상태가 나빠지면 독감 핑계를 대요. 2월은 독감이 유행하는 시기니까 이상하게 생각하지 않을 거예요."라는 답장을 보냈습니다. 미야노 씨는 제 제안을 받아들였고, 별일 없이 강연회를 호평 속에 마쳤지요. 그 일은 후쿠오카에서 한 번 더 행사를 여는 것으로 이어졌고, 후쿠오카의 행사 덕에 7월 26일 나고야에서도 행사를 열게 되었습니다.

미야노 씨는 증상이 변화하여 치료법이 바뀔 때마다 확률에 대한 이야기를 들을 것입니다. 그중에는 '죽음'의 가능성에 대한 이야기도 있겠지요. 미야노 씨에게 확률이란 양의적인 동시에 '좋다' 혹은 '나쁘다'로 단순하게 정리할 수 없는 복잡한 존재가 아닐까요?

미야노 씨의 체험과 철학자 미야노의 관점에서 바라본 확률, 그리고 현재와 미래에 대해 편지로 이야기해보고 싶습니다.

2019년 4월 27일

의료인류학자 이소노 마호가 철학자 미야노 마키코 님께

답장 드립니다 ————

이소노 씨, 도쿄는 추웠나 봅니다.

저는 연휴 동안 세토내해瀬戸内海의 섬에 와 있습니다. 이 섬에서는 오후 5시 반이 되면 동요가 흘러나오며 "여러분, 집으로 돌아갈 시간입니다."라고 마을 방송이 나옵니다. 그러면 저도 모르게, 집밥 냄새가 나는 시골길을 달려 바다가 보이는 집으로 돌아가는 삶을 상상하곤 합니다. 저녁 반찬은 작고 쫄깃쫄깃한 오징어(이 근처에서는 '베이카'라고 부르는 종입니다.)를 심심하게 간장에 조린 게 어떨까? 그 조림 국물에 밥을 비벼 먹으면 게걸스럽게 보이긴 해도 참 맛있을 텐데.

현재 자신의 인생과 전혀 다른 삶을 상상해보는 것. 저는 여행에서 느끼는 묘미가 그런 상상에 있다고 생각합니다. 현재

이소노 마호 님께 23

인생이 불만족스럽다는 말은 아닙니다. 오히려 만족하지요. 그럼에도 전혀 다른 인생의 가능성을 상상해보는 것은 자신의 인생을 받아들이는 데 중요한 생각의 실마리를 주는 듯합니다. 다만 지금 말하는 가능성이란 이소노 씨가 저번 편지에서 다룬, 확률이 제시하는 '가능성'과는 닮은 듯 전혀 다른 것입니다.

자, "갑자기 병세가 악화될지 모른다."라고 이소노 씨에게 걱정을 털어놓고 벌써 반년이 지났네요. 결국 저는 변함없이 일에 허덕이고, 즐거울 것 같다는 이유만으로 이벤트에 참여하며, 생각 없이 의욕만으로 일을 받아들이기도 합니다. 물론 암은 낫지 않았으며, 지금도 '갑자기 상태가 나빠질지 모르는' 상황입니다. 하지만 그에 대해서는 별로 생각하지 않습니다. (물론 마음속 한편에는 남아 있지만요.) 이렇게 겁내지 않고 계속 일할 수 있는 것은 그때 이소노 씨가 보내준 메일 덕분입니다. 새삼 다시 찾아보니 이렇게 쓰여 있네요.

저 역시 다음 달에 갑자기 무슨 일을 겪을지 모릅니다. 단순히 병을 진단받지 않았을 뿐, 알고 보면 제가 미야노 씨보다 아무것도 하지 못하게 될 확률이 높을지도 모르지요. (…) 리스크란, 위험성이란 무엇일까요? 점점 더 모르겠습니다.

맞는 말씀입니다. 이소노 씨가 아무것도 하지 못하게 될 확률이 높다는 게 아니라 모두에게 똑같이 '갑자기 아플 가능성'이 있다는 말입니다. 몸에 이상이 없어도 사고나 재해를 만날 위험성에 우리네 인생은 노출되어 있고, 언제 갑자기 인생이 바뀌어버릴지 모릅니다. 단지 평범한 일상에서는 그런 가능성이 눈에 띄지 않고, 누구도 우리에게 리스크를 생각하라며 다그치지 않습니다. (하지만 머지않은 미래는, 식생활과 생활습관을 바탕으로 장래 걸릴지도 모르는 병을 예측해 사람들에게 자기관리를 압박하는 사회가 될 것도 같습니다.)

제가 주치의에게 "갑자기 병세가 악화될지도 모른다."라는 말을 들은 건 작년, 2018년 가을입니다. 처음에는 어떻게 반응해야 하나 망설였습니다. "저기…"라며 질문하려는데 주치의(무척 상냥하고 좋은 의사입니다.)가 말했습니다. "만약을 위해서 말씀드리는데, 호스피스를 미리 알아보시는 게 좋겠습니다." 그제야 '갑자기 병세가 악화된 뒤'에 무슨 일이 기다리고 있는지 깨달았지요. 태연한 척을 하며 의사에게 물었습니다.

"상태가 안 좋아지면, 얼마나 버틸 수 있을까요?"

"어디까지나 매우 나쁜 가정입니다만… 아무래도 간이니까요. 일단 나빠지면 순식간에 진행됩니다… 빨리 진행된 경우에는 3주 정도 버티다 돌아가신 분도 있습니다."

"어? 3주요? 3개월이 아니라?"

저도 모르게 목소리를 높였던 게 기억납니다.

20세기의 독일 철학자 마르틴 하이데거Martin Heidegger는 『존재와 시간』*이라는 책에서 일상에 쫓기는 인간에게 '죽음'이란 무엇인지 질문하고 다음처럼 말했습니다. "죽음은 분명히 다가온다. 다만 지금이 아닐 뿐이다."

의사에게서 "갑자기 병세가 악화될지 모른다."라고 듣기 전까지, 저에게 죽음이란 바로 하이데거의 말과 같았습니다.

물론 암은 오늘날 고칠 수 있는 병입니다. 조기에 발견하면 더욱 그렇지요. 재발해도 제대로 치료하면 완화는 힘들어도 병을 잘 제어하면서 오래 살 수 있습니다. 물론 아무런 지병이 없는 사람과 비교하면 죽음과 훨씬 가까운 삶이겠지만 그래도 평범할 수 있습니다. "내일은 일하고 다음 달에는 여행 갈 거야!" 이렇게 말하며 일상을 지내는 환자들이 많을 것입니다. 그리고 무엇보다 깊이 생각하고 싶지 않고요. 저는 의식의 끄트머리에 죽음이라는 존재가 어른거리기 때문에 건강한 사람보다 훨씬 분명하게 "죽음은 다가온다. 다만 지금이 아닐 뿐이다."라고 스스로 되뇌곤 했습니다.

***

*   이기상 옮김, 까치 1998.

그런데 더 이상 도망칠 수 없을 정도로 그것이 다가와 있었습니다. '죽음이 온다.'

나 참, 곤란했습니다. 당연하지만 아직 인생이 계속될 거라 생각하고 이런저런 일정을 잡아두었습니다. '당장 내일 회의가 있고, 한 달 뒤에는 행사가 있는데 어떡하지. 조금 있으면 논문 교정도 해야 하고….' 생각이 복잡했습니다. 아무튼 '제대로 해야지. 다른 사람한테 폐 끼치면 안 돼.'라고 생각하며 아직 준비도 시작하지 않은 행사를 한 건 취소하고, 다음 날 회의 준비를 하면서, 급작스레 입원할 것에 대비해서 집을 정리하고 쓰레기 봉투에 옷을 가득 담아 버리기도 했습니다. 지금 돌이켜보면 아무런 의미도 없는 일들입니다.

호스피스도 찾기 시작했습니다. 물론 새로운 치료법을 시험해줄 병원도 찾아야 했지요. 그러던 와중에 이소노 씨에게서 메일이 온 것입니다.

눈이 번쩍 뜨이는 것 같았습니다. 아, 그랬구나.

모두 똑같이 '갑자기 몸이 아플지' 모르는 거구나. 그럼에도 눈앞을 보며 살아가는구나.

그 순간, 하이데거가 '죽음'에 대해 쓴 문장을 다른 형식으로 읽을 수 있다는 걸 깨달았습니다. 본래 하이데거를 '죽음의 철학'이라는 맥락으로 읽는다면, "다만 지금은 아니다."라고 일상생활에서 죽음을 회피하는 태도는 자신의 삶과 마주하지 않는 행위로 비판받아야 합니다. 하지만 과연 그럴까요?

애초에 우리는 '죽음'을 '지금' 경험할 수 없습니다. 언제나 '죽음'은 미래의 일일 뿐입니다. (하이데거 역시 그 점을 지적했지요.) 미래에 죽음이 오리란 건 확실합니다. 하지만 왜 그 미래의 죽음을 기준으로 지금을 생각해야만 할까요? 마치 미래를 위해 지금을 보내는 것 같지 않은가요? '언제 죽어도 후회가 남지 않도록'이라는 말은 아름답지만, 저는 이 말에서 기만을 느낍니다.

위험성에 대해서도 이야기하지요. 병에 걸린 사람은 항상 갖가지 위험성에 대한 이야기를 듣습니다. 대부분 ○○ 중 △퍼센트, □할의 사람들이… 처럼 숫자로 무장한 이야기지요. 그런 말을 들은 환자는 겁을 먹습니다. 저 역시 이런 말을 들은 적이 있습니다. "이 약을 복용한 사람 중 ○○퍼센트는 간질성 폐렴에 걸립니다. 기침이 나오면 조심해야 합니다." 그 뒤로는 마스크를 꼭 하고 다녔습니다.

이처럼 위험성이라는 이름의 가능성 앞에서 환자에게는 무슨 일이 벌어질까요?

예컨대 의사가 제시한 위험성을 마주한 제 앞에는 암을 적당히 억제하면서 지금처럼 살아가는 인생, 부작용에 괴로워하면서도 어떻게든 살아가는 인생, 매우 무거운 부작용을 앓으며 간신히 연명하는 인생이라는 세 갈래 길이 있습니다. 그리고 그 앞에 보이는 것은 '갑자기 병세가 악화될' 가능성과 그러지 않을 가능성이지요.

위험성과 가능성으로 인해 인생의 갈림길이 점점 세세하게 나뉩니다. 게다가 병과 약에 관련한 위험성은 너무나 많기 때문에 촘촘한 갈림길 속에서 지금보다 나빠질 가능성에 인생의 대부분을 점령당했다고 느끼기 쉽지요. 그 때문에 아무 일도 없이 '평범하게 사는 인생'의 가능성은 희박하게 여겨집니다.

더더욱 성가신 것은 위험성과 나빠질 가능성이 앞으로 겪게 될 일을 무척 알기 쉽게 보여준다는 점입니다. 기침이 나오거나 숨이 차면 간질성 폐렴이고, 일단 걸리면 나을 수 없고… '갑자기 병세가 악화되는 것'은 '계단을 두 개 헛디딘 상태'(실제로 제가 들은 말입니다.)이니 결국 호스피스로 가게 되겠지. 이 위험성은 저런 상태로 이어져서 최종적으로는 반드시 정해진 결과에 도달할 거야. 이런 상상을 하게 됩니다.

위험성에 대한 이야기에는 이런 힘이 있습니다. 그 때문에 이소노 씨의 편지에 등장한 도요코 씨는 '평범하게 사는 인생'의 가능성을 지키기 위해 절제를 한 것입니다. 저는 그 심정을 잘 알 것 같습니다.

그렇지만 이 위험성과 가능성을 둘러싼 감각에는 어쩐지 좀 이상한 구석이 있습니다.

제가 이상하다고 하는 이유는 '위험성'으로 인해 인생의 갈래가 수없이 나뉘기 때문입니다. 위험성에 대한 경고를 들은 환자는 지금 자신의 눈앞에 몇 가지 길이 있는 것처럼 느낍니다. 각각의 길에는 화살표와 함께 도착지가 쓰여 있는데, 환자는 위험성을 근거로 좋지 않은 길을 피해 '평범한 인생'으로 향하는 길을 골라서 신중히 나아갑니다.

그렇지만 실은 여러 길 중 어디로 들어선들 화살표가 가리키는 도착지에 다다를 수 있을지는 알 수 없습니다. 각각의 길이 외길일 리 없기 때문입니다. 어느 길이든 한번 들어서버리면 다시 수많은 길이 나타납니다.

무엇보다 중요한 점은 각각의 길이 어떤지 미리 알 수 없으며 선택과 진행을 할 때마다 갈림길의 개수와 방향이 점점 달라진다는 사실입니다. 이소노 씨가 미국에서 '문화인류학을 전공하겠다'고 결정함으로써 '섭식장애 당사자들을 만나 그들의 이야기를 듣는다'는 길이 생겨났듯이 말이지요.

다만 문화인류학 전공을 결정한 단계에서는 이렇게 저와 편지를 주고받을 가능성, 함께 책을 쓰게 될지 모른다는 가능성은 이소노 씨 앞에 없었을 것입니다. 우리가 문예공화국 모임에서 함께 있었던 그때, 비로소 새롭게 길이 갈리며 수많은 가능성이 생겨났을 것입니다. 그리고 '지금'이 되었지요.

지금까지 마주했던 갈림길 중 다른 길을 골랐다면 우리가 함께 일할 가능성은 없었을 것입니다. 여러 길 중 하나로 들어서는 것은 외길을 선택한다는 뜻이 아닙니다. 그 길로 들어서는 순간 또다시 새로운 가능성을 무수히 마주한다는 것을 의미할 뿐입니다. 왜냐하면 특정한 길로 들어서는 단계에 다시 여러 갈림길이 생겨나며, 갈림길마다 애초에 그 사람에게 있었던 인생의 온갖 가능성이 통째로 바뀌기 때문입니다.

갈림길 중 하나로 들어서는 것은 외길을 선택하는 것이 아닙니다. 새롭게 생겨난 수많은 가능성들을 만나러 들어가는 것입니다. 가능성이란 계속 나뉘는 길 중에서 도착지를 알 수 있는 한 줄기 길을 가리키는 말이 아닙니다. 가능성이란 항상 쉬지 않고 변화하는 전체일 수밖에 없습니다.

물론 그처럼 변화하는 가능성 중에는 나쁜 일이 벌어질 가능성 또한 숱하게 존재합니다. '평범하게 사는 인생'을 이루려 노력했던 도요코 씨에게 '또다시 심방 잔떨림이 일어난다.'라는 가능성이 있었듯이 말입니다. 미래란 나빠질 가능성 또한 포함한 총체이기 때문에 우리네 삶은 외길을 나아가는 것과는 다른 것입니다.

제가 '언제 죽어도 후회가 남지 않도록'이라는 말에서 기만을 느끼는 까닭은 죽음이라는 도착지가 확실하다고 해도 그 도착지만 보고 지금을 살아간다면 시시각각 변하는 인생의 가능성을 놓치게 되기 때문입니다. 그러면 미래를 전체적으로 온전히 바라보는 것이 얼마나 소중한지도 잊게 됩니다.

제가 여행을 떠나 전혀 다른 인생을 상상하고자 하는 이유는, 인생이란 제각각 다르며 지금의 저로서는 알 수 없는 무수한 가능성을 잉태하면서 나아가는 것이라는 사실을 잊고 싶지 않기 때문입니다.

너무 혼자 폼 잡는 것 같기도 합니다. 한편으로 위험성과 가능성은 우리의 앞날을 단순한 외길처럼 보이게 해서 '안심'이라는 소중한 것을 주기도 하니까요. 무엇보다 '지금'이나 '확률' 같은 말에서 도망치기란 무척 어렵고요. 이런 사회에서 어떻게 살아갈 수 있을지, 이소노 씨와 함께 고민해보고 싶습니다.

2019년 4월 29일

철학자 미야노 마키코가 문화인류학자 이소노 마호 님께

섬에서
바다를 바라보며.

무엇으로
지금을
바라보는가

왼손잡이 철학자

미
야
노 마
키
코 님
께

답장 감사히 잘 받았습니다.

미야노 씨의 답장을 여러 번 읽다가 얼마 전 고가도로에서 내려다본 공원을 떠올렸습니다. 공원의 펜스에는 "공놀이를 하거나 큰 소리를 내면 주민들이 불편해하니 삼가주십시오." 라고 쓴 큼지막한 플래카드가 걸려 있었습니다. 그 동네에는 고속도로의 소음도 뛰어넘는 폭음을 내는 어린아이들이 살고 있는 걸까요? 그렇다면 한번 꼭 만나보고 싶습니다.

그 공원뿐이 아닙니다. 최근 주의사항이 붙은 공원이 꽤 늘어났습니다. 야구 금지, 축구 금지, 고성 금지, 불꽃놀이 금지. 우리 사회는 어린아이들에게 집에서 얌전히 스마트폰을 보길 권하는 것 같습니다.

놀이터의 기구들도 심심해졌지요. 제가 초등학생이었을 때는 제 키의 세 배는 될 법한 정글짐이 있었고, 기운 넘치는 아이들이 쉬는 시간마다 앞다퉈 그 정글짐에 올랐습니다. 교실 앞 광장에는 꽤 빠르게 빙글빙글 회전하는 놀이기구가 있었고, 있는 힘껏 타면 학교 옥상이 보일 것 같은 그네도 있었습니다. (아, 저희 학교는 단층이었답니다.)

도전의식을 불러일으키는 놀이기구가 많았기 때문에 당연하게도 아이들이 다치곤 했습니다. 저 역시 고학년 언니 오빠와 빙글빙글 도는 놀이기구를 타다가 균형을 잃는 바람에 손바닥이 까지기도 했고 멀미가 나서 눈밭에 토한 적도 있습니다. 놀이기구뿐 아니라 아이들이 노는 장소도 대담했지요. 집 근처의 폐자재를 쌓아둔 곳에서 놀며 더러운 파이프 속에 들어가거나 붉게 녹슨 철봉에 매달렸습니다. 친구들과 아지트를 만들려고 셋이서 공터에 구멍을 팠던 적도 있습니다. 그 공터는 누군가의 사유지였고, 나중에 어른이 대신 사과했지요.

제가 어릴 적에 겪은 이런저런 체험들이 지금은 위험하다는 이유로 구상 단계부터 폐기되거나 펜스로 가로막혀 아예 불가능해졌습니다. 제 경험은 아주 오래전 옛이야기가 되어버렸지요.

자, 왜 갑자기 놀이기구에 대해 이야기했을까요. 미야노 씨가 보낸 답장의 한 대목이 마음에 걸렸기 때문입니다.

제가 '언제 죽어도 후회가 남지 않도록'이라는 말에서 기만을 느끼는 까닭은 죽음이라는 도착지가 확실하다고 해도 그 도착지만 보고 지금을 살아간다면 시시각각 변하는 인생의 가능성을 놓치게 되기 때문입니다. 그러면 미래를 전체적으로 온전히 바라보는 것이 얼마나 소중한지도 잊게 됩니다.

이 문장을 읽고 '미야노 씨는 이렇게 생각하는구나.'라고 신기해했습니다.

미야노 씨가 다발성 전이에 대해 얘기해줬을 때, 저는 제 죽음이라는 미래를 기준으로 지금을 바라보았습니다. 당시 제 인생은 좀 중요한 국면에 봉착해 있었습니다. 그런데 미야노 씨의 이야기를 듣고 죽음이라는 미래를 기준으로 지금을 바라보자 저에게 정말 중요한 것과 그렇지 않은 것을 가려낼 수 있게 되었지요.

제가 아무리 생각한들 미야노 씨는 죽음을 저보다 훨씬 현실적인 현상으로 마주하고 있겠죠. 이런 이야기를 하는 게 대단한 결례인 줄 알지만, 미야노 씨가 '언제 죽어도 후회가 남지 않도록'이라는 말에서 기만을 느낀다니 좀 신기했습니다. 그런데 다시금 답장을 읽어보니 우리가 서 있는 자리는 꽤 가까운 것 같기도 합니다.

미야노 마키코 님께

우간다의 남서 지역에 '히마Hima'라는 민족이 살고 있습니다. 문화인류학자 사이에서는 꽤 유명한 부족이지요. 히마족 여성의 금기 중에 소를 건드려서는 안 된다는 것이 있습니다. 여자가 만지면 히마족 생활의 근간인 소가 병에 걸리거나 죽을 수 있다는 것입니다. 많은 사람들이 코웃음을 칠 만한 이야기인데, 이런 히마족의 세계관에 대해서 스웨덴의 문화인류학자 오사 보홀름Åsa Boholm은 '여자가 만지면 소가 죽는다.'라는 말과 '이 약을 먹으면 ○명 중 △명이 강한 권태감에 휩싸인다.' 같은 투약 시 주의사항이 어떻게 다를까 의문을 품고 연구했습니다.

보홀름은 둘 사이가 결정적으로 다르다고 결론을 내렸습니다. 왜냐하면 '여자가 만지면 소가 죽는다.'는 확실성을 띤 명제이지만, '이 약을 먹으면 ○명 중 △명이 강한 권태감에 휩싸인다.'라는 명제의 바탕에는 불확실성이 있기 때문입니다. 히마족의 명제에서 소는 병에 걸리거나 죽을지도 '모르는' 것이 아닙니다. 반드시 언젠가는 그렇게 되지요. 하지만 약의 부작용에 대한 명제는 어디까지나 가능성을 말할 뿐이며 일어날지 말지 불분명합니다. 전자는 운명을 이야기하며, 후자는 계산된 불확실성, 즉 '일어날지도 모르는 일'을 이야기합니다.

미야노 씨는 현대의학의 치료를 받고 있으니 모든 일이 확률론에 따라 진행될 것입니다. 이쪽으로 가면 20퍼센트의 확률로 이렇게 됩니다, 저쪽을 선택하면 10퍼센트의 확률로 저런 일이 일어나지요 등… 미야노 씨는 퍼센트 운운하는 말에 이미 익숙해졌다고 말씀하신 적이 있지요.

저는 미야노 씨가 "갑자기 병세가 악화될지도 모른다."라는 말을 듣고 옷을 쓰레기봉투에 담아 버리거나 행사를 취소했다고 적은 대목을 읽고는 생각했습니다. '의사가 미야노 씨에게 말한 건 확률이 아니라 운명이었구나.' 미야노 씨는 '죽음이 온다.'고 느꼈으니까요. '죽음이 올지 모른다.'가 아니고요.

저는 의료현장에서 조사를 하며 현대의료에는 확률론으로 가장한 '약한 운명론'이 많다는 것을 깨달았습니다. 의사는 미야노 씨가 호스피스를 미리 찾아보길 원했습니다. 그래서 3주 만에 돌아가신 분을 이야기한 것입니다. 미야노 씨가 죽음이 임박했다고 의식하게 만들어야 했으니까요. 사실 의사가 말한 건 한 사례일 뿐이니 학술적인 근거로서는 가장 신뢰도가 낮습니다.

그렇지만 특정한 맥락에서 등장한 구체적인 사례는 곧 자신의 미래가 되어버립니다. 그 때문에 미야노 씨는 옷을 버리고 완화치료*를 하는 병원을 찾는 등 죽음을 기준으로 지금을 살

---

* 환자와 그 가족들이 치료 과정에서 겪는 고통을 완화하는 데 중점을 두고 이뤄지는 신체적·정신적 의료 행위를 가리킨다. 임종이 임박한 환자뿐 아니라 험난한 치료 과정이 예상되는 환자에게 진단 초기부터 완화치료를 하기도 한다.

아가려 했습니다. 행사를 취소하고 미래를 포기했지요. (제가 미야노 씨의 주치의를 비판하는 것은 아닙니다. 그는 의사로서 해야 할 일을 정중하게 했다고 생각합니다.)

미야노 씨는 편지에 이렇게도 썼습니다.

의사가 제시한 위험성을 마주한 제 앞에는 암을 적당히 억제하면서 지금처럼 살아가는 인생, 부작용에 괴로워하면서도 어떻게든 살아가는 인생, 매우 무거운 부작용을 앓으며 간신히 연명하는 인생이라는 세 갈래 길이 있습니다. 그리고 그 앞에 보이는 것은 '갑자기 병세가 악화될' 가능성과 그러지 않을 가능성이지요.

위험성과 가능성으로 인해 인생의 갈림길이 점점 세세하게 나뉩니다. 게다가 병과 약에 관련한 위험은 너무나 많기 때문에 촘촘한 갈림길 속에서 지금보다 나빠질 가능성에 인생의 대부분을 점령당했다고 느끼기 쉽지요. 그 때문에 아무 일도 없이 '평범하게 사는 인생'의 가능성은 희박하게 여겨집니다.

의료와 복지의 세계에서는 늘 다 같이 '지원'을 합창합니다. "올바른 정보에 기초하여 환자의 의사를 존중하며 지원하자." 모두가 이렇게 말하지요. 당연하지만 여기서 말하는 '올바른 정보'란 객관적으로 일반화 가능성이 있다고 여겨지는 근거

evidence입니다. 그런데 저는 이러한 합창에 무조건 찬동하고 싶지는 않습니다.

그들이 말하는 객관적 데이터가 환자에게 전해질 때는 홀몸이 아닙니다. 객관적 데이터는 구체적인 문맥 속에 포함되어서 의료자의 입에서 구체적인 말로 이야기가 되어 전해집니다.

당연한 말이지만 환자가 듣는 이야기에는 미래에 대한 의료인의 예상과 더불어 그 예상 속에서 환자가 취해야 하는 이상적인 행동이 포함되어 있습니다. 환자는 의료인의 이야기를 듣고, 내일, 사흘 뒤 어떻게 살지 결정합니다. 내 몸이 열 개라면 의료인이 제시한 확률에 따라 세 개는 이쪽, 일곱 개는 저쪽으로 나아가서 제일 결과가 좋은 쪽을 고를 수도 있겠지요. 하지만 내 몸은 하나뿐이라 길도 하나만 골라야 합니다.

다시 말해 환자는 '이 앞에 기다리는 미래가 이러하니, 이 길로 나아가겠다.' 하며 운명론적인 선택을 할 수밖에 없습니다. 운명론적으로 바라보는 미래는 환자의 의사만으로 만들어진 것이 아니라 의료인의 의도, 나아가 의료인들이 의지하는 근거를 작성한 사람의 의도까지 포함된 융합물입니다. 의료인이 존중하겠다고 하는 '환자의 의사'에는 의료인의 의사도 많이 포함되어 있습니다. 그런 현실을 잊게 하는 힘이 '올바른 정보'라는 말에 있기 때문에 다들 제가 지금 말한 것에 대해서는 그다지 진지하게 고민하지 않는 듯합니다.

확률에 따라 미래를 예상할 때 어려운 점은 무슨 수를 써도 '약한 운명론'이 될 수밖에 없다는 것입니다. 설명하는 형식은 운명론적인데, 그 뒤에는 언제나 '그럴지도 모른다.'라며 보류하는 말이 따라붙습니다. 그 때문에 그 말을 들은 사람은 자신이 정한 길을 조심조심 신중히 나아갈 수밖에 없습니다.

그렇다고 다른 길을 고르기도 어렵습니다. 다른 길로 나아갔다가는 '이런 무서운 일이 있을지 모른다.'라는 말을 듣기 때문입니다. 그와 더불어 수많은 '일어날지 모르는 일'을 무시하기도 어렵습니다. 왜냐하면 '일어날지 모르는 일'은 운명론적인 이야기에 포함되는데, 갖가지 위험이 내 몸에 닥칠 것처럼 말하기 때문입니다. 그래서 차례차례 들이닥치는 '일어날지 모르는 일'에 옴짝달싹할 수 없게 됩니다.

미야노 씨가 '죽음을 기준으로 지금을 바라보며 후회 남지 않게 살자.' 같은 말에서 기만을 느끼고, 계속해서 제시되는 위험성을 마주하며 '평범하게 살아갈 가능성이 무척 적어진 것 같다'고 생각하는 것은 지금 제가 말한 구조 속에서 만들어진 감각이 아닐까요?

미야노 씨가 '죽음을 기준으로 지금을 바라보는 것'에서 느낀 위화감은 때때로 내 인생과 아무런 상관도 없는 제3자가

'이런 위험한 일이 일어날지 모른다.'라고 예측한 것 때문에 현재의 가능성이 좁아지는 데에서 느낀 위화감일지도 모릅니다.

저는 이 이야기가 공원 놀이기구가 점점 얌전해지면서 절대로 다치지 않을 듯한 미끄럼틀만 놓이는 현상과 좀 비슷하다고 생각합니다.

2019년 5월 3일

역시 왼손잡이인 이소노 마호 드림

나가노에서 태어난 인류학자 ————

이
소
노
마
호
님
께

이번 연휴도 절반이 지났습니다. 저는 교토에 있는 작은 집으로 돌아와 논문을 쓰고 밥을 짓고 산책을 하면서 일상을 만끽하고 있습니다. 후쿠오카에서 지낼 때는 일과 병원 치료에 쫓긴 탓에 저녁밥을 준비할 여력도 없어 쓰러지듯 잠들 때가 많았습니다. 그런데 떨어져 살던 파트너와 교토의 집에서 함께 지내니 저에게는 이런 일상이 왠지 '소꿉놀이' 같고 비일상적인 축제 같기도 합니다.

그래서 일상다운 일을 일부러 과하게 하곤 합니다. 평소에는 아침에 일어나 텔레비전을 켠 적이 없지만 군이 지역 방송국의 아침 프로그램을 보고, 팬도 아니면서 (아시다시피 저는 히로시마 도요 카프의 팬입니다.) 한신 타이거즈 관련 뉴스에 관심을 보이기도 합니다.* 저녁에는 어머니가 그랬듯 지역 방송국의 저녁 정보 프로그램을 틀어놓고 집안일을 하지요.

그러던 어느 날, 저녁 정보 프로그램에서 "암이 나으면 뭐가 가장 하고 싶나요?" 하는 질문이 들렸습니다. 최신 암 치료법을 다루는 코너에 짧은 인터뷰가 나오고 있었습니다. 젊은 리포터가 60대 초반 남성 환자에게 던진 질문이었지요. 환자의 자택 거실인지 옆에는 아내가 함께 있었습니다. 차분한 표정으로 남성이 답했습니다. "아내와 함께 세계 일주, 아니 국내 일주라도 상관없으니 여행을 하고 싶습니다."

저도 모르게 속으로 중얼거렸습니다. '지금 하면 되잖아.'

물론 제가 그 남성의 상황을 이해하지 못한 채 생각 없이 중얼거린 것입니다. 항암제 치료는 대부분 매주 이뤄지고, 방사선 치료 역시 여러 차례 받아야 하니까요. 그런데 한편으로는 치료를 받으면서도 여행을 다닐 수 있습니다. 치료 일정은 어느 정도 조정할 수 있고, 이동 중에 감염될 위험성이 있지만 잘 대처하면 별문제는 없습니다.

어쩌면 그 남성은 담당 의사에게서 "이 정도 백혈구 수치라면 감염증을 조심해야 합니다."라고 주의를 들었을지 모릅니

---

* 한신 타이거즈는 교토가 포함되는 간사이(関西) 지방을 대표하는 프로야구 팀이다.

다. "체온이 38도 이상이라면 반드시 곧장 병원에 연락하세요."
라고 신신당부를 들었을 수도 있지요. '여행이라니 말도 안 돼!
무슨 일이라도 생기면 어떡해.' 하고 많은 일을 참고 있을 것입
니다. 저도 예전에는 그랬습니다. 하지만 요즘은 주말마다 어딘
가로 이동하고 있습니다.

'지금 하면 되잖아.'라고 중얼거렸을 때, 제 마음의 밑바닥에
는 "암이 나으면 뭐가 가장 하고 싶나요?"라고 물은 리포터를
향한 짜증이 있었습니다. 그와 동시에 이런 일에 짜증을 내며
환자에게 가혹한 말을 내뱉은 저 자신에게 당황하기도 했지요.
이소노 씨가 보낸 편지를 읽자 제가 느낀 감정이 무엇인지 알
것 같았습니다.

"암이 나으면"이라는 가정은 '암이 낫지 않는다.'는 또 다른
가능성을 떠올리게 합니다. 게다가 "암이 나으면 뭐가 가장 하고
싶나요?"라는 물음은 은연중에 '낫지 않으면 가장 하고 싶은 일을 할
수 없다.'라는 메시지를 전하기도 합니다.

'암이 낫는다.'와 '암이 낫지 않는다.' 사이에는 엄청난 간극
이 있고, 그 간극 속에는 갖가지 삶의 방식과 가능성이 있습니
다. 일 년에 한 번만 검사를 받는 환자는 '암이 나은 사람'일까
요? 그렇다면 검사를 앞두고 품는 '혹시 낫지 않았으면 어떡하
지.' 하는 불안감은 어떻게 생각하면 될까요? 한 달에 한 번 호

르몬 주사 치료를 받지만, '병에 대해서는 주사를 맞을 때나 생각할 뿐이야.'라며 일에 매진하는 사람은 '암이 낫지 않은 환자'일까요?

'암이 낫는다.'와 '암이 낫지 않는다.' 사이에 있는 다양한 삶의 방식과 감정을 모두 난폭하게 배제한 채 리포터는 "암이 나으면"이라며 질문을 던졌습니다. "암이 나으면"이라는 가정 뒤에는 가장 하고 싶은 일을 할 수 있는 미래를 보여주었지요. 이런 미래 예상의 밑바탕에는 우리가 소개하는 '최신 치료법을 따르면 암이 나아 가장 하고 싶은 일을 할 수 있다.' 또는 '최신 치료를 받지 않으면 암이 낫지 않아 가장 하고 싶은 일을 할 수 없다.'라는 두 가지 선택지만 있습니다.

그렇지만 최신 요법을 따르지 않더라도 많은 방법이 있습니다. 암이 낫지 않아도 다양한 삶을 살 수 있습니다. 방송 리포터가 복잡한 가능성을 모두 배제한 채 알기 쉬운 위험성만 눈앞에 들이밀고 얘기한 것은, 이소노 씨의 표현을 빌리면 그야말로 운명론적인 이야기입니다. 제가 텔레비전 속의 리포터에게 짜증을 느낀 것은 암에 걸린 남성을 그런 단순한 운명론 속으로 떨어뜨렸기 때문입니다. 남성도 스스로 리포터의 운명론 속으로 빠져드는 것처럼 보였고요. 그래서 한마디 내뱉지 않을 수 없었습니다.

이처럼 미디어에서 보여주는 운명론을 '위장된 강한 운명론'이라고 불러야 할까요? 의료현장에서 갖가지 위험성과 근거를 바탕으로 제시하는, 일어날지 모르는 '약한 운명론'보다 훨씬 조잡한 운명론입니다. 그런데 이런 생각이 들기도 합니다. 차라리 조잡한 운명론에 편승하는 것이 속 편하지 않을까, 하고요.

제 입으로 말하기는 그렇지만, 저는 자신이 현대의학에 적절히 계몽된 '착한 환자'라고 생각합니다. 그렇기 때문에 미디어의 '조잡하고 강한 운명론'에 대해 다양한 치료가 가능하다고 반론할 수 있는 것입니다. 누가 물어본다면 여러 치료법 각각의 장점과 단점을 설명할 수도 있을 것 같습니다.

여태껏 여러 가지 선택지가 제 앞에 놓이고 '올바른 정보'가 주어지면, '적절히' 스스로 '결정'하는 과정을 반복해왔습니다. 그때마다 위험성과 기대되는 효과를 저울에 달아 선택하려 했지요. "갑자기 병세가 악화될지도 모른다."라며 "완화치료 병원을 찾는 게 좋겠다."라는 말을 들었을 때도 그랬습니다. 이소노 씨는 편지에 이렇게 썼지요.

내 몸이 열 개라면 의료인이 제시한 확률에 따라 세 개는 이쪽, 일곱 개는 저쪽으로 나아가서 제일 결과가 좋은 쪽을 고를 수도 있겠지요. 하지만 내 몸은 하나뿐이라 길도 하나만 골라야 합니다.

맞습니다. 몸은 하나뿐입니다. 하지만 마음은 나눌 수 있습니다.

아니, 나눌 수 있을 것 같았습니다. 저는요.

"갑자기 병세가 악화될지도 모른다."라고 들었을 때, 분명히 저는 '죽음이 올지도 모른다.'가 아니라 '죽음이 온다.'고 생각했습니다. 의사의 이야기가 (의도했든 하지 않았든) 그렇게 생각하도록 유도했다는 것은 이소노 씨가 지적해서 처음 깨달았습니다.

그렇게 생각했지만 저는 동시에 버티려고도 했습니다. '약한 운명론'에 휘둘리지 않도록 '전부 가능성일 뿐이다.'라고 스스로 되뇌며 모든 가능성에 대처할 수 있게끔 준비하려 했습니다. 준비라면 하나뿐인 몸으로도 할 수 있습니다. 이 시간에는 완화치료 병원을 검색하고, 남은 시간에는 다른 치료법을 조사하자. 그리고 밤에는 평소대로 일을 해야지. 몸은 하나뿐이지만 마음은 가능성에 따라 나누었습니다.

그런데요, 이런 방식은 사람을 무척 피폐하게 만듭니다. 확률별로 마음을 분할하면서 무언가를 결정하기란 그야말로 지난한 일입니다.

결국 저에게 무슨 일이 일어났을까요? 저는 이소노 씨가 말한 대로 "차례차례 들이닥치는 '일어날지도 모르는 일'에 옴짝달싹할 수 없게"되었습니다.

옴짝달싹할 수 없다는 느낌은 완화치료 병원을 찾을 때 가장 강하게 들었습니다. 의사는 저에게 "만일을 대비해서" 완화치료를 준비하라고 했습니다.

제가 다니던 병원에서 완화치료를 하지 않는다는 사실 자체를 그때 처음 안 저는 사태를 좀처럼 받아들이지 못하고 머리가 멍했습니다. 주치의는 무척 친절하고 배려심 깊은 사람이라 다시금 완화치료가 어떤 것인지 설명하고, 여러 병원을 후보로 알려주었습니다.

> ○○병원은 저희 대학병원과 여러 차례 연계한 경험이 있습니다.
> 미야노 씨의 자택을 고려하면 △△병원이 편리하겠네요.
> □□병원은 좀 멀지만 종양내과 출신으로 완화치료를 하는 선생님이 계십니다.
> 궁금한 게 있으시면 저희 병원의 복지사에게 문의해주세요….

주치의는 "올바른 정보에 기초하여 환자의 의사를 존중하며 지원"한 것입니다.

그 뒤로 저는 완화치료에 대한 지식을 쌓아갔습니다. 그렇지만 완화치료 병원에서 제가 어떻게 지낼지는 도무지 그려지지 않았습니다. 죽음으로 향하는 과정에서 무슨 일이 벌어질지, 제 몸이 점점 어떻게 나빠질지, 아무런 이미지도 떠오르지 않았던 것입니다.

물론 저는 '착한 환자'라서 실제로 몇몇 완화치료 병원에 견학을 가서 면담을 하며 어떤 돌봄이 이뤄지는지 질문했습니다. 재택간병 시스템은 갖춰져 있나요? 상황이 급변하면 어떻게 대응하시나요? 모르핀은 어떤 때 사용하나요? 이렇게 위험성을 묻고 가능성을 상상했지요.

병원에서 제시하는 '올바른 정보'란 어쨌든 3인칭적으로 일반화할 수 있는 것입니다. 환자 본인이 겪는 1인칭적인 정보는 아니지요. 결국 '내가 어떻게 변하고 어떻게 느낄지'는 알 수 없었습니다. 저는 죽음과 직면하면 정신을 차리지 못하고 돌변할지 모릅니다. 아니면 의외로 담담하게 있을지도 모르고요.

더 어려운 점은 암의 진행과 그에 따른 증상의 변화가 사람마다 모두 다르다는 것입니다. 제가 어떻게 변할지도 병이 어떻게 진행될지도 모르는데, 3인칭적인 '올바른 정보'를 바탕으로 대체 뭘 정하면 될까요? 저는 이 선택을 하면 얼마나 많은 일이 어느 정도 확률로 일어나는지도 모른 채 일단 결정해야 하는 상황으로 내몰렸습니다. 게다가 제가 뭘 선택하든 그 앞에는 '나답게 있으려는 것조차 근본부터 철저하게 뒤흔드는 경험'이 기다리고 있을 게 분명했지요.

선택 앞에 존재하는 것은 내 신체가 사라진다는, 너무나 엄청난 미래입니다. 그리고 그 순간 저에게 주어졌던 가능성의 총체는 완전히 변해버릴 것입니다.

그렇게 대단한 미래를 앞에 둔 저는 점점 쌓여가는 세분화된 가능성과 그에 관한 정보를 바탕으로 이득과 손실을 계산했습니다. 그리고 '환자의 의사'를 존중하는 이들로부터 "본인이 원하시는 대로 결정하세요."라는 말을 들었지요. 몇몇 병원을 견학하고 결국 저는 말했습니다. "고르기 힘들어, 선택하기도 지쳤어."

앞서 얘기한 '위장된 강한 운명론'의 유혹이 강해지는 것은 바로 이런 때입니다. 당연하지 않습니까. 운명이라면 굳이 내가 선택할 필요도 없고 결정하지 않아도 되니까요. 플러스와 마이너스, 두 가지 길밖에 없다면 무조건 플러스의 길로 들어서서 그저 힘내기만 하면 됩니다. '약한 운명론'에 농락당하고 '착한 환자'로서 위험성과 가능성에 놀아난 저에게는 결정하는 것이 너무나 무거운 짐이었습니다. 아니, 애초에 결정이란 어떻게 하면 되는 거였죠?

녹초가 된 저는 일단 앞뒤 생각하지 않고 교토로 돌아왔습니다. 완화치료 병원을 찾겠다는 목적이 있긴 있었습니다. 사실 완화치료가 필요할 정도라면 후쿠오카에서 교토로 옮기는 것도 너무 위험하기에 교토의 병원에 입원할 일은 없을 것입니다. 그럼에도 '돌아가고 싶다.'라는 제 맘에 솔직해지기로 했습니다. 교토로 돌아온 것 자체에는 '선택했다'든가 '결정했다'는 느낌이 거의 없습니다. 그저 나도 모르게 움직여버린 것 같았지요.

별 계획 없이 돌아온 교토에서 저는 우연히 어느 병원을 알게 되었고, 앞으로 그곳에서 돌봄의 방향을 계획하게 되었습니다. 여러 선택지를 비교해서 합리적으로 결정한 게 아닙니다. '우연한 만남'에서 자연스럽게 '여기로 하자.'라는 마음이 들어 이뤄진 결과이지요. 그렇기 때문에 제가 방향을 계획하게 '되었다'고 적은 것입니다. 제가 선택하고 결정한 능동적인 행위가 아니었습니다. 그 병원에서 일하는 의사와 간호사의 왠지 친숙한 분위기에 절로 마음이 끌려서 별다른 고민 없이 "그럼 잘 부탁드려요."라는 말이 나왔습니다.

이 경험을 돌이켜보면 애초에 '선택'이란 무엇일까 하는 의문이 듭니다. 합리적으로 비교하고 검토할 수는 있겠지만, 과연 우리는 정말로 합리적인 선택을 할 수 있을까요? 그렇게 선택하는 것이 정말로 '선택'한다는 것일까요? 결국 무언가에 떠밀리는 식으로 결정할 수밖에 없다면, 선택을 능동적인 행위라 할 수 있을까요? 그저 어떤 상태에 이르러 안정되는 것이 아닐까요?

그런 것은 합리적인 지성의 작용이라기보다 쾌적함이나 반가움 같은 신체감각과 비슷할지도 모릅니다. 신체감각이기 때문에 스스로는 어찌할 도리가 없는 수동적인 면이 있을 수도 있고요.

　적어도 죽음을 앞에 두고 '약한 운명론'에 휘말려 꼬일 대로 꼬인 제 가능성을 풀어준 것은 합리적인 판단이 아니었습니다. 저에게 익숙한 교토와 그곳에서 마주한 우연한 만남이 저의 현재와 미래에 빛을 비춰주었습니다.

2019년 5월 4일
교토가 고향인 것만 같은 철학자 미야노 마키코 드림

무엇보다
초여름 가모가와 주변의
녹음을 좋아합니다.

4연패와
대체요법

교토를 사랑하는 철학자

국경일이었던 지난 5월 3일에는 미사코 복싱 체육관의 A급 프로복서 고쿠보 아키라 씨와 함께 요요기 공원으로 소풍 비슷한 나들이를 다녀왔습니다. 점심을 먹은 뒤 돗자리와 음료를 가지고 공원에서 느긋하게 시간을 보냈지요.

고쿠보 씨는 제가 미사코 체육관의 연습생이 되고 나서 석 달쯤 되었을 때 복싱에 입문했습니다. 지금은 프로복서와 고등학교 국어 교사라는, 서로 동떨어진 두 가지 일을 겸하고 있지요. 현재 프로복서 고쿠보 아키라의 전적은 7승 8패 3무. 빈말로라도 강하다고는 할 수 없습니다. 심지어 3무 뒤에 4연패를 하여 4년 가까이 승리하지 못한 시기도 있었습니다. 당연히 그 시기의 성적은 더 처참했지요. 복서들은 자신이 이길 것 같은 상대를 골라 시합을 신청하기도 하는데, 고쿠보 씨도 전적이 만만해 보여서 시합 요청을 받은 적이 있을지 모릅니다.

그렇지만 요즘 고쿠보 씨는 승률 5할을 회복하고 있습니다. 연패 후 3연승을 거두었는데 바로 직전 시합은 TKO로 시원하게 승리했고, 6월에는 드디어 일본 랭커에 도전할 예정입니다. 고쿠보 씨를 아는 이들은 이런 과정에서 당연히 어떤 스토리를 읽어냅니다. 은퇴를 2년 앞둔 (프로복서는 원칙상 37세에 의무적으로 은퇴해야 합니다.) 고쿠보 아키라, 승리에 버림받은 시기가 있었지만 시련을 뛰어넘고 강해져서 마침내 일본 랭커에 도전하다. 이런 감동적인 스토리를 말이지요.

그런데요, 정작 고쿠보 씨는 이렇게 말합니다.

4연패를 하는 동안에는 분명히 여러 번 그만둘까 고민했지만, 그 슬럼프를 극복했는지 어땠는지는 모르겠다. 많이 노력했다는 말을 듣곤 하는데, 사실 그렇게 많이 노력했는지도 모르겠다. 감동적인 이야기라고 해주는 사람들도 있는데, 그 정도로 감동적인 것 같지는 않다. "왜 복싱을 시작했어?"라고 누가 물어보면 그럴듯하게 답하지만, 그게 진짜 이유인지도 모르겠다. 내 의사와 상관없이 이렇게 되리라고 처음부터 정해져 있었던 것 같을 때도 있다. 잘 모르겠지만, 그때그때 나에게 온 만남과 말, 기회 등에 몸을 싣다 보니 어느새 지금 이 자리에 있다.

마음을 분할하며 합리적으로 행동하는 착한 환자였던 미야노 씨는 차례차례 들이닥치는 '일어날지 모르는 일'에 옴짝달싹할 수 없게 되었습니다. 그러다 결국 위험성이고 이득이고 전부 때려치우고 그저 자신의 마음에 따라 훌쩍 교토로 돌아갔지요. 그곳에서 우연히 어느 병원 사람들과 만나 앞으로 나아갈 방향을 정하게 되었다고 하셨습니다. 미야노 씨의 편지를 읽다 보니 "딱히 무언가 결단했던 건 아냐. 어쩌다 그렇게 되었을 뿐이지."라던 고쿠보 씨의 말이 떠올랐습니다.

우리가 진정 합리적인 '선택'을 할 수 있을까? 미야노 씨의 이 의문은 현대사회에 중요한 문제를 제기한다고 생각합니다. 왜냐하면 사람은 합리적인 선택을 할 수 있다는 게 오늘날의 상식이니까요. 잘못된 선택을 했던 사람이라도 적절한 가르침과 지원을 받으면 합리적으로 선택할 수 있다고 하지요. 경영학에서 이야기하는 PDCA 사이클*이 전형적인 사례입니다. 그 때문에 그런 상식에서 벗어난 삶을 상상하기란 어렵고, 상식에서 벗어난 삶을 사는 사람은 이상하게 여겨지곤 합니다.

'일어날지도 모를 가능성'을 전제로 삼는 '약한 운명론'은 참 편리한 것 같습니다. 미야노 씨가 건강하게 교토로 돌아간다면

---

*   PDCA는 계획(Plan), 실행(Do), 평가(Check), 개선(Act)을 가리킨다. 경영의 기본이라 일컬어지며 끊임없이 네 단계가 순환하는 것이 이상적이라고 여긴다.

아무 일도 없어 행운이었다고 할 수 있고, 무슨 일이 일어난다 해도 "그런 몸으로 무슨 선택을 한 거야. 위험 가능성을 더 생각했어야지."라고 할 수 있으니까요.

하지만 그렇게 말하는 사람들은 수많은 '일어날지 모르는 일'에 둘러싸여 있는 상황이 구체적으로 어떨지 상상하지 못하는 게 아닐까요? 어려운 상황에서도 '합리적 의사에 기초한 선택'을 하라고 압박받는 사람들이 느낄 혼란을 고려하지 않는 게 아닐까요? 혹은 자신이라면 기계적으로 판단할 수 있다고 확신하는 걸까요? 저는 때때로 이런 의문들을 품곤 합니다.

특히 암의 대체요법에 대해 경종을 울리는 전문가와 지식인을 보면 이런 생각이 강하게 듭니다. 오늘 미야노 씨에게 이에 대해 묻고 싶습니다.

암 투병 중인 연예인이 대체요법을 받고 있다는 게 드러나면, 많은 의사와 저널리스트는 근거 있는 치료법을 선택하는 게 중요하다고 목소리를 높입니다. 기적 같은 사례를 보여주며 사람을 현혹하는 대체요법에 다가가서는 안 된다, 사례는 근거가 될 수 없다, 저명한 의사의 말이라고 해서 다 올바른 것은 아니다, 무작위 비교 연구에서 얻은 결과가 가장 믿을 만한 근거다. 그처럼 '보통 사람들'을 계몽하려는 듯한 기사에서는 '이성적인 우리가 합리적인 선택법을 가르쳐주겠다.' 하는 분위기가 물씬 풍깁니다.

그렇지만 그들이 자신을 갖고 우리에게 가르쳐주려 하는 과학적 근거도 결국 '일어날지 모르는 일'들을 쌓아올린 것에 불과합니다. "이 치료가 가장 효과적이라고 생각합니다. 하지만 ○○ 같은 심각한 부작용이 20퍼센트 확률로 일어날 수 있습니다." 환자에게 ○○는 반드시 피하고 싶은 부작용인데, 그런 환자 앞에 "부작용은 없어요."라며 '강한 운명론'을 내세우는 대체요법이 나타난다면 어떨까요? 만약 환자가 표준요법이 아니라 대체요법을 선택한다면요? 환자의 선택을 비합리적이라고 할 수 있을까요? 저는 잘 모르겠습니다.

의료인류학의 시조 중 한 명인 아서 클라인먼Arthur Kleinman은 심신의 불편함을 겪는 사람이 문제를 극복하려고 할 때 그 주위를 세 가지 영역으로 나눌 수 있다고 이야기했습니다.

첫 번째는 민간 영역입니다. 가족, 친구, 지인 등을 포함한 일상생활로 구성되는 영역이지요. 실은 민간 영역이 치료에서 가장 중요한 역할을 한다고 클라인먼은 말했습니다. 이 병이 어떤 병인지 앞으로 어떻게 하면 좋을지 등 치료에 관한 선택은 우선 민간 영역에서 시작되고, 다음에 어떤 선택을 할까 판단하는 것도 민간 영역에서 이뤄지기 때문이지요. 두 번째는 전문 영역입니다. 전문 영역은 자격을 갖춘 전문가들로 구성됩니다. 그래서 전문 영역에 가장 강한 권위가 있습니다. 일반적인 보험진료를 하는 병원의 의료인이 전문 영역에 속한다고 보면 됩니다. 마지막은 민속 영역입니다. 약초를 달이거나 틀어진 골격을 맞추는 등 공인된 권위는 없지만 독특한 이론을 바탕으로 의료 행위가 이뤄지지요.

클라인먼은 이 세 가지 영역을 포괄하는 개념에 건강 관리 체계health care systems라는 이름을 붙였습니다. 건강 관리 체계 속에서 민간 영역 및 민속 영역이 전문 영역과 어떻게 관계를 맺고 어떤 역할을 하는지 생각하지 않으면 환자의 행동을 이해하기란 불가능하다고 클라인먼은 말합니다.

클라인먼이 1970년대에 이 이야기를 했기 때문에 세 영역의 구도를 오늘날 그대로 적용하기는 어렵습니다. 그렇지만 암 환자의 대체요법을 비판하는 목소리가 거세게 일어나면 저는 종종 클라인먼의 건강 관리 체계를 떠올립니다. 그리고 암 환자에게 민속 영역이 무엇을 제공하는지, 전문 영역은 무엇을 제공하지 않는지, 생각해봅니다.

제 의문에 중요한 점을 시사해준 이가 이탈리아 출신의 영국 인류학자 메리 더글러스Mary Douglas입니다. 더글러스는 사람은 확률론적인 사고를 할 수 있으며, 어느 민족이든 확률론적인 행동을 취해왔다고 이야기했습니다. 새가 시끄럽게 울면 비가 내린다든가, 저 산 위에 구름이 걸리면 내일은 맑다든가. 숫자를 쓰지는 않지만 이 역시 경험에 기초한 일종의 확률론입니다. 우리는 더 이상 새의 울음으로 무언가를 판단하지 않지만, 강수확률 30퍼센트라는 일기예보를 바탕으로 별다른 고생 없이 그럭저럭 적절한 선택을 할 수 있지요.

이런 전제 위에 더글러스는 '우리는 언제 확률론적인 판단을 포기하는가?' 하는 의문을 제기하고 '경험에 기초한 판단이 불가능할 때'라고 결론을 내렸습니다. 다시 강수확률 30퍼센트로 돌아가면 우리는 그 정보가 얼마나 정확할지, 만약 비가 내린다면 어떤 상황이 될지 판단할 수 있습니다.

그런데 이 약을 먹지 않으면 뇌경색에 걸릴 확률이 약을 먹은 사람보다 5배 높아진다는 말을 들으면 어떨까요? 어떤 상황일지 제대로 실감 나는 이미지를 떠올릴 수가 없습니다. 심지어 1000명 중 10명이 걸리는 뇌경색 확률이 약을 먹지 않으면 1000명 중 50명으로 늘어난다는 말을 듣는다면 어떨까요? 그게 많은 건지, 적은 건지, 아니면 그다지 다르지 않은 건지도 알 수 없습니다. 그런 경험을 할 수는 없기 때문입니다. 그와 더불어 "뇌경색 확률은 내려가지만, 출혈이 일어나기 쉬워져서 뇌출혈 가능성이 ○퍼센트 올라갑니다." 같은 말을 들으면 더 혼란스럽기만 하지요.

더글러스에 따르면 이런 상황에서 우리는 판단 기준을 바꿉니다. 경험에 기초한 확률론이 아니라 내가 누구를 신뢰하는지를 기준으로 삼지요. 내가 믿는 사람이 대신 결정해주길 바랍니다.

암의 대체요법도 이런 관점에서 바라봐야 합니다. 암 환자가 대체요법을 선택하는 데 이르기까지 전문 영역에 대한 신뢰가 무너진 순간이 있지 않았을까? 그 순간 환자가 전문 영역 대신 신뢰와 희망을 품은 것은 민속 영역의 치료자가 아니었을까? 대체요법을 둘러싼 문제는 근거 제일주의가 아니라 희망과 신뢰의 관점에서 논해야 한다고 저는 생각합니다.

대체요법에는 똑떨어지는 이론이 있습니다. 미야노 씨의 표현을 빌리면 '위장된 조잡하고 강한 운명론'이지요. 당신은 이런 원인으로 암에 걸렸다, 그러니 여기를 이렇게 고치면 암도 낫는다. 암 당사자도 가족도 아닌 사람이 들으면 허점투성이에 헛웃음만 나오는 허황된 이야기에 불과할지도 모릅니다.

그렇지만 부작용을 감내하며 올바르다는 표준치료를 계속했음에도 기대만큼 상황이 호전되지 않고, '일어날지 모르는 일'에 둘러싸인 채 불안정한 지면에서 다시 한 발을 내딛는 것에 지쳐버린 사람에게는 이 강한 운명론이 구원처럼 느껴질 것입니다. '표준치료보다 이 사람들이 믿을 만하겠어.' 저는 이런 생각을 품는 게 비합리적인 것 같지 않습니다.

근거에 기초한 치료를 해야 하는 의사가 느끼는 압박감도 상당합니다. 외딴섬 같은 벽지에서 근무하는 의사들을 육성하는 '게네프로genepro'라는 회사가 있습니다. 본래 혈기왕성한 응급의학과 의사였던 사이토 마나부 씨가 세운 회사이지요. 늘 눈을 반짝이는 정열가인 사이토 씨는 드라마에 등장하는 벽지 의사들을 동경해 직접 벽지 의료에 종사한 적이 있습니다.

한번은 사이토 씨가 외딴섬에 진료를 하러 갔는데 환자의 가족들이 얼마나 더 살 수 있는지 질문했다고 합니다. 그 섬에는 병원이 아니라 집에서 임종을 맞이하는 문화가 있었습니다. 그래서 환자의 가족과 친척에게는 환자가 '얼마나 더 살 수 있는지'가 꼭 알아야 하는 정보였습니다. 할머니 할아버지를 언제 집으로 모시고 가면 될지 결정해야 하니까요. 의사는 신이 아니기에 남은 생을 정확히 알 수는 없습니다. 그럼에도 가족의 바람에 어떻게든 답해주려고 관련 의학서를 펼쳐보며 호흡 횟수와 소변 양 등을 고려해 필사적으로 환자에게 살날이 며칠 남았는지 예상해 답해주었다고 합니다.

환자는 스스로 판단할 수 없기 때문에 의사가 결정해주길 원하는 것입니다. 어떤 의미로 그러기 위해 의사가 있지요. 의사는 환자보다 경험이 풍부한 만큼 당연히 더 쉽게 결정할 수 있으니까요. 그럼에도 의사가 지닌 정보 역시 '일어날지 모르는 일'이라는 사실은 변함없습니다. 게다가 자신이 내린 결정에 책임을 져야 하고, 심한 경우에는 벌을 받을 수도 있지요.

제가 의료현장을 조사하며 깜짝 놀란 것은 의사도 간호사도 꽤 진지하게 소송을 걱정하고 있다는 사실이었습니다. 소송이 그렇게 자주 있나 싶어서 알아보니, 의료소송이 급증했다든가 10명 중 1명이 고발을 당했다든가 하는 근거는 딱히 없었습니다. 아마 너무 강렬한 사례가 있었고, 그 사례에 자신을 이입한 게 아닐까 추측합니다. 제가 듣고 놀란 사례 중에는, 병원에서 음식을 삼켜도 괜찮다고 들은 89세 할아버지가 잠시 퇴원했다가 집에서 경단을 잘못 먹고 질식사하는 바람에 유가족이 병원을 고소한 사건도 있었습니다. 병원이 유가족과 합의하기 위해서 수백만 엔을 주었다던가요.

극히 일부이긴 하지만, 분별없는 환자나 가족도 있습니다. '내가 내린 판단 때문에 그런 사람들에게 고소를 당하면 어쩌지…' 의사가 이런 생각을 한번 하면 가장 안전한 방법은, 환자 대신 결정해주는 것이 아니라 일어날 수 있는 일들을 하나하나 알려주고 환자 뜻대로 결정하게 하는 것입니다.

환자가 조잡하고 난폭하며 강한 운명론(A를 하면 낫는다)을 내세우는 몇몇 대체요법에 시간과 돈과 생명을 할애하지 않기 위해서는 무엇이 필요할까요? 결정에 지친 환자를 대신하여 의사가 대략적인 방향을 결정해줄 것, 그리고 설사 의사의 결정이 최선의 결과로 이어지지 않더라도 의사 혼자 책임지지 않게 할 것. 이런 일들이 가능한 구조가 필요하다고 생각합니다.

지금껏 저는 환자의 입장에 서려 하는 이해심 깊은 의사를 많이 만나봤습니다. 제가 말한 구조가 갖춰지면 그런 의사들의 역량이 더욱더 발휘될 것 같습니다. 물론 새로운 구조를 악용하는 소수의 무도한 의사들도 있겠지요. 그 때문에 골치가 아픕니다만….

저는 암의 대체요법과 표준요법에 대해 대략 이렇게 생각합니다. 미야노 씨는 지금까지 수많은 동의서에 다른 누구도 아닌 미야노 씨 자신의 의사로 서명했겠지요. 그런데 사실은 질척거리는 흙탕길을 아무렇지 않은 척하며 걸어오신 건 아닌가요.

도중에 미야노 씨 혹은 가족분들이 조잡하고 강한 운명론에 끌린 적이 몇 번쯤 있지 않으셨나요. 그 과정에서 미야노 씨는 무엇을 신뢰하고 무엇을 희망하셨나요? 철학자 미야노 마키코의 눈에 암의 대체요법과 표준요법은 어떤 광경으로 보였는지 가르쳐주셨으면 합니다.

2019년 5월 5일

미사코 복싱 체육관 소속이었던 인류학자 이소노 마호 드림

미야노 마키코 님께

프로복서 고쿠보 아키라.
"고쿠보 씨와 나눈 대화를 써도 괜찮아요?"라고 물으니
"이소노 씨에게 드린 것이니 맘껏 쓰세요."라고
말해주었습니다.

잔디밭이 어울리는 인류학자 ──────

이
소
노
마
호
님
께

요요기 공원에서 소풍이라니 엄청 세련됐잖아, 역시 도쿄는 대단해, 하고 혼자 괜히 신이 났습니다. 저는 여전히 교토에 있습니다. 오늘은 근처의 신사에서 봄 축제가 열렸답니다. 관광지가 아니라서 동네 사람들끼리 조촐하게 치르는데, 전통적인 소달구지가 있음에도 신관은 왠지 소달구지 뒤에 자동차를 타고 등장했습니다. 관광객에게 보이기 위해서가 아니라 사람들이 그저 변치 않고 생활하기 위해 치르는 축제인 것이지요.

이 신사에는 좀 별난 부적이 있습니다. 사람 모양으로 접어 '안식 인형'이라고 불리는 붉은 종이 인형 속에 넣은 부적입니다. 부적에는 역병을 막아주는 신의 이름이 적혀 있고요. 붉은 인형은 주소와 이름을 적은 종이와 함께 신사에 두고, 부적은 집으로 가져와 문에 붙입니다. 이른바 '액막이'입니다. 이 신사는 오래전부터 역병 퇴치를 기원하는 축제(안식 축제)로 유명한데, 부적도 그 축제에서 유래한 것 같습니다.

인형이라니 왠지 꺼림칙하지요. 심지어 사람들이 자신의 재액災厄과 병을 그 인형에 옮긴다고 생각하면 더더욱 그렇습니다. 안식 인형은 음력 6월 그믐날 밤에 신사에서 불태웁니다.* 그래서 제가 병에 걸린 뒤로는 6월 그믐날에 안식 인형을 바치는 것이 저와 파트너의 암묵적인 약속이 되었습니다.

저와 파트너는 본래 신앙심이 없었습니다. 그런데 이제 파트너가 그런 암묵적인 약속을 소중히 여기는 것 같습니다. 이런 습관이 나쁘다는 말은 아닙니다. 하지만 애초에 신심이니 미신이니 코웃음을 치며 흘려버리던 파트너가 "인형을 똑바로 들고 바쳐야지."라고 할 때마다 저는 어쩐지 신기한 기분이 들곤 합니다.

지극히 당연한 말입니다만, 병에 걸리는 건 저 혼자여도 그 영향은 저에게만 머무르지 않습니다. 주위 사람들에게 영향을 미치고, 그들의 변화가 다시 저를 혼란스럽게 하지요. 병에 걸린 와중에 무언가를 '선택'한다는 건 그런 변화 속에서 이뤄집니다.

----

* 음력 6월 그믐날에는 일본 전국의 신사에서 액운을 쫓고 건강히 여름을 나길 기원하는 의식인 '나고시노하라에(夏越の祓)'가 열린다.

제가 암에 걸린 이래 정말 많은 분들이 다양한 물건을 주었습니다. 간사이 지방에서는 암이라고 하면 오사카에 있는 이시키리쓰루기야신사石切劍箭神社가 유명한데, 저희 집에도 그 신사의 부적이 여러 장 있습니다. 그 밖에 면역력을 향상시켜준다는 각종 먹을거리, 뭔지 몰라도 영험하다는 물… 대체요법이라고 할 정도로 강한 구속력을 지닌 것들은 아니지만, 근거에 기초한 의학과 동떨어진 민간신앙이라는 점에서는 클라인먼이 말한 민속 영역에 속하겠습니다.

심신의 이상을 고치려고 하는 사람들에게 문제가 되는 세 가지 영역. 클라인먼이 민간 영역·전문 영역·민속 영역으로 구분한 것은 치료 과정에서 녹초가 된 현재 저의 상황을 정리해주는 적확한 분류법입니다. 다만 그 세 영역의 양상을 "어떻게 관계를 맺고 어떤 역할을 하는지" 같은 온화한 시선으로 묘사할 수는 없습니다. 외려 저는 세 영역이 '분단'하거나 '대립'하지 않나 생각합니다. 그런 관계는 대체요법의 선택과 관련하여 더욱 뚜렷한 문제로 드러납니다.

제 병이 악화되고 있다는 것을 알았을 때, 가족과 주위 사람들은 온갖 반응을 보였습니다. 인터넷에서 닥치는 대로 정보를 검색하는 어머니, 최신 치료법을 칭송하는 책을 추천해준 친척, "이상한 민간요법은 조심하고, 무조건 표준치료를 받아."라고 충고해준 선배와 친구까지, 그야말로 대혼란이었습니다.

실제로 병이 악화되면서 저에게 남은 치료법도 줄어들고 있습니다. 보험이 적용되는 표준치료의 범위에서는 더 이상 할 수 있는 게 거의 없지요. (표준치료는 전부 해봤다는 게 정확한 표현이겠습니다.) 의료가 진보한 덕분인지, 요즘은 표준치료를 끝내고도 완화치료 병원에 들어갈 만큼 상태가 나쁘지 않은 환자가 점점 증가하고 있습니다.

그렇게 되면서 보험의 범위에서 벗어나 자유롭게 진료를 받는 사람들도 많아졌는데, 그곳은 말 그대로 '일어날지 모르는 일'로 가득한 황야입니다. 그런 황야에 내던져진 저는 그럼에도 '현대의료에 계몽된 착한 환자'로서 합리적인 선택을 하려 했습니다.

어머니는 필사적으로 인터넷 검색을 계속했습니다. 일흔을 코앞에 둔 어머니에게 정보 문해력까지 바랄 순 없습니다. '일어날지 모르는 일'로 가득한 황야의 한쪽에서는 대체요법 성공담과 최신 치료법들이 쏟아집니다. 다른 쪽에서는 의료 관계자들의 과학적인 계몽이 이뤄지고 있지요. 그것들을 헤치고 나아가면 치료법의 효과 설명, 각종 근거와 통계 데이터 등이 나타나고요. 이쯤 되면 뭐가 뭔지 알 수 없습니다.

이렇게 혼란스러운 상태가 된 지금, 무슨 일이 벌어지고 있는지 아세요? 어머니와 친척들이 정보만 얻었다 하면 옥석을 가리지 않고 일단 저에게 알립니다. "이런 게 있대." "저것도 좋다더라." 누군가의 성공담부터 수상쩍은 면역요법까지, 뷔페가 따로 없습니다. 지긋지긋했습니다. 그렇게 수상하고 근거라곤 전혀 없는 얘기 좀 하지 마! 합리적으로 선택하려 하는 저에게 대체요법에 대한 이야기는 소음이나 마찬가지였습니다.

대학병원 주치의와 면담 자리에 어머니가 동석했을 때 저의 짜증은 폭발했습니다. 표준치료 중 남은 방법은 거의 없다, 그나마 쓸 수 있는 항암제에는 이런 게 있다, 하지만 효과가 있을 가능성은 낮다. 주치의는 차근차근 확률을 이야기해주었습니다. 그런데 어머니는 주치의의 말을 끊더니 느닷없이 이렇게 물었습니다.

"선생님의 가족이 같은 상태라면, 어떻게 하시겠어요?"

그 질문은 금기입니다.

규칙 위반이야! 저는 마음속으로 소리쳤습니다.

어째서 금기이고 규칙 위반일까요? 클라인먼의 개념을 가져오면 잘 이해됩니다. 주치의는 엄연히 전문 영역에 속한 사람입니다. 저와 어머니는 물론 민간 영역에 있지요. 그런데 저는 민간 영역이 아니라 전문 영역 속에서 선택하고 싶었습니다.

그래야만 한다고 생각했습니다. 제대로 합리적인 선택을 하기 위해서 말입니다.

그에 비해 '선생님의 가족이라면' 하고 가정한 질문은 전문 영역에 속한 의료인을 민간 영역으로 끌어내리는 것입니다. 또 어머니의 질문으로 주치의가 내려설 민간 영역에는 엄연히 '주치의 가족'이 있을 뿐, '미야노 마키코'는 없습니다. 저렇게 무의미한 질문이라니! 전문직에 대한 경의가 없는 저 태도는 뭐람! 나는 전문 영역에서 선택하려고 하는데, 쓸데없이 주치의를 민간 영역으로 끌어당기다니! 저는 어머니에게 질려버렸습니다.

이 일이 있은 뒤 저는 되도록 어머니를 병원에 못 오게 했습니다. 소음에 불과한 대체요법 이야기도 듣고 싶지 않아서 친척과 친구에게도 병에 대한 이야기는 하지 않았습니다. 파트너 역시 주위에서 온갖 대체요법을 말하는 통에 진절머리를 내고 있다는 걸 알게 되었습니다. 파트너까지 내 병에 휘말리고 있다는 사실도 저에게 스트레스를 주었습니다.

당시 제 기분을 클라인먼의 용어를 사용해 설명하면 이럴 것입니다. 애초에 의료적인 선택을 민간 영역에서 하려고 하니까 이렇게 된 거야. 최대한 민속 영역을 배제하고, 민간 영역도 신경 쓰지 말자. 가능한 '내'가 합리적으로 정하는 게 나아. 그러려면 전문 영역에 가까워져야 해.

저는 홀로 의학 논문을 찾아보고 평소 취약하던 통계 데이터를 들여다보았습니다. 민간 영역도 민속 영역도 모두 잘라내고 전문 영역과 동화되려고 했습니다.

그 결과, 저는 고독해졌습니다. 이것이 '착한 환자'의 말로입니다.

저 같은 '착한 환자'와 대체요법을 선택한 환자는 서로 거울처럼 마주보는 사이 같습니다. 전문 영역을 신뢰하지 못한 결과 민속 영역에 틀어박힌 환자들은 가족과 대립하며 민간 영역에서도 분단되어갑니다. 세 영역이 분단과 대립을 일으키는 상황 속에서 살아가는 환자와 가족들이 많을 것입니다.

'일어날지 모르는 일'의 황야에서 바른 선택을 하려고 발버둥 치던 저를 구원해준 것은 배우자가 의사인 친구의 아주 단순한 말이었습니다.

"주치의랑 제대로 얘기해봐."

제대로 얘기한다는 게 대체 뭘까? 이미 가능성과 위험성에 대해서는 들었는데, 이제 내가 선택만 하면 되는데, 뭘 제대로 얘기해야 하지? 이렇게 의아해했던 게 기억납니다.

"네 몸을 가장 오랫동안 살펴본 사람이잖아. 네 몸을 가장 잘 아는 사람이야. 어쩌면 좋을지 모르겠으면 주치의한테 물어봐."

그제야 저는 깨달았습니다.

저는 '착한 환자'로서 가능성을 이해하고 위험성을 받아들였을 뿐, 정작 의사에게 '저'에 대해 물어본 적은 없었음을. 무언가 질문한 적은 있었지만, 전부 전문 영역에 동화되려던 제가 공부나 데이터 수집을 위해 물어본 것이었음을. 단 한 번도 주치의에게 지금 내 상태를 고려하여 "저와 함께 고민해주시겠어요?"라고 말하지 않았음을.

얼핏 들으면 제 어머니가 말했던 "선생님의 가족이 같은 상태라면, 어떻게 하시겠어요?" 하는 질문과 비슷할지도 모르겠습니다. 하지만 그렇지는 않습니다. 어머니의 질문은 전문 영역에 있는 주치의에게 '주치의의 민간 영역'으로 내려서길 요구합니다.

그렇다면 "함께 고민해주시겠어요?"라는 질문은 주치의를 '저의 민간 영역'으로 끌어당기는 발언일까요? 저는 그렇지 않다고 생각합니다. 왜일까요? 곰곰이 생각해보면 애초부터 주치의는 '저의 민간 영역'에 속해 있던 사람이기 때문입니다. 친구가 말했듯이 주치의는 당사자인 제 몸을 오랫동안 살펴본 사람이고, 현재 상황을 가장 잘 아는 사람이며, 언제나 제 선택의 출발점에 있었던 사람입니다.

무엇보다 중요한 점은 주치의가 전문 영역에 있다 해도 우리가 몸 상태를 확인하고 잡담을 나누는 와중에 소소한 일상을 공유하면서 함께 시간을 쌓아왔다는 사실입니다. '저의 민간 영역'은 그런 시간들이 얽히고설켜 성립된 것입니다.

의료인이기 때문에 분명 주치의는 가능성밖에 보여주지 못하겠지요. 하지만 그가 봐왔던 제 몸과 시간에 거짓은 없을 것입니다. 저의 민간 영역에 주치의가 있듯이, 주치의도 잠깐이지만 저와 함께 시간을 보냈던 이상 아주 사소한 감각일지언정 주치의 자신의 민간 영역에 저와 함께한 시간이 있을 것입니다. 그렇다면 주치의와 제가 보낸 시간을 신용해도 괜찮지 않을까요? 3인칭적인 데이터에 대한 이야기가 아닙니다. 함께 쌓아온 공동의 시간에 희망을 품는다는 말이지요.

"지금 '저'에게 어떤 가능성이 있을까요? 선생님, 뭔가 없을까요?"

그렇게 조잡한 질문을 한 건 처음이었습니다.

이야기는 순식간에 진행되었습니다. 주치의는 보험진료 범위 밖에서 해볼 만한 치료와 의료기관을 알려주었습니다. "대학에 속한 사람이라 이런 말을 하면 안 되지만요."라고 사투리로 말하면서요. 그리고 지금, 주치의는 자신이 소개한 의사와 연락을 주고받으며 저의 치료 방침을 모색하고 있습니다.

치료하는 데 있어 당사자의 뜻, 의사意思에 기초한 선택은 중요합니다. 하지만 그 의사를 우리는 어떻게 가지면 좋을까요?

현대사회에서 합리적으로 선택하라는 말을 할 때, 여기서 상정하는 합리적인 의사란 근거를 이해하고 이득과 손실을 계산한 끝에 도출되는 것입니다. 합리적 의사란 가능성과 데이터를 보면 자동적, 혹은 논리적으로 생겨나는 것이지요. 이러한 의사결정 과정에는 객관성이라는 명목으로 데이터를 보는 '나'와 '과학적인 언어'만 참여할 수 있습니다.

선택한다는 행위 자체는 분명히 '나'밖에 할 수 없습니다. 그 결과를 받아들이는 것도 '나'이지요. 그렇지만 선택에 다다르는 과정과 그 과정 안에서 의사를 결정하는 행위를 저 혼자 감당할 필요가 있을까 하는 의문이 듭니다. 제가 병에 걸림으로써 변한 것은 저뿐이 아니고, 제 선택으로 인한 결과 역시 저에게만 영향을 미치지는 않을 테니까요.

제 주위의 사람들도 곁에 '환자가 있다'는 변화에 당황하면서 각자의 인생을 꾸려가고 있습니다. 제가 하려는 것과 바라는 것 모두 그런 변화 속에 있지요. 그렇다면 '선택'까지 다다르는 과정에 많은 사람이 참여할 수 있게 문을 열어주어도 괜찮지 않을까요? 물론 의사 결정 과정의 문을 열면 불청객이 끼어들 수도 있습니다. 하지만 홀로 올바른 선택을 해야 한다는 압박감을 해소하면, 환자도 의료인도 훨씬 편해지지 않을까 생각합니다.

앞선 편지에서 저는 "우리는 정말로 합리적인 선택을 할 수 있을까요?"라고 질문했습니다. 이 질문을 "내 선택은 나 혼자만의 것일까요?" 또는 "선택을 홀로 떠맡는 것이 가능할까요?" 같은 말로 바꿔도 무방하겠습니다.

그런 의문을 품은 채 저는 지금 사소한 일들을 결정하고 있습니다. 여전히 발밑은 흙탕길이지만, 제 선택으로 일어나는 변화와 망설임을 파트너가 공들여 바친 '안식 인형'이 모두 받아줄 거라고 믿으면서요.

2019년 5월 6일

할 수만 있다면 밤거리를 배회하고 싶은 철학자 미야노 마키코 드림

우연을
연구하는
합리적 철학자

수도승처럼 살아가는 철학자 ———

미야노 씨, 안녕하세요.

드디어 길었던 연휴가 끝나버렸네요. 저는 대학원생도 학부
생도 좋아하지만, 연휴가 끝난 뒤에 상실감을 느끼는 건 어쩔
수 없는 모양입니다. 심지어 7월까지 공휴일이 전혀 없고, 학회
시즌에 접어들면 주말도 없어질 것입니다. 저는 순발력만 믿고
사는 인간이라, 옛날부터 오래달리기는 싫어했습니다. 앞으로
몇 달 동안 괜찮을는지….

자, 저번 답장을 읽고 저는 이런 결론에 도달했습니다. 미야
노 마키코는 수도승 같은 인간이로다. 미야노 씨가 "선생님의
가족이 같은 상태라면, 어떻게 하시겠어요?"라는 질문이 금기
라고 했기 때문입니다.

솔직히 말해, 깜짝 놀랐습니다. 그렇구나, 이 질문을 하면 안 되는구나. 하긴 의사 선생님은 미야노 씨의 친인척이 아니니까 실례일지도 모르겠습니다. 그래도 어머니가 제일 묻고 싶은 질문 아니었을까요? 외동딸이 죽을지도 모른다고요. 의사 선생님의 말을 끊고 물어볼 법합니다. 확률 운운하는 건 됐고 내 딸에게 뭐가 최선일지 가르쳐주세요, 하고요. 만약 제가 미야노 씨의 입장이었다면 어머니의 질문을 듣고는 내심 '잘 물어봤어요!' 하면서 어머니와 함께 고개를 빼고 귀를 기울였을걸요.

제가 딱히 클라인먼과 아는 사이는 아니라 이런 말을 하면 안 되겠지만, 아마 클라인먼도 미야노 씨의 편지를 보면 깜짝 놀랄 것입니다. 왜냐하면 클라인먼은 생물의학을 비판적으로 바라보는 글에서 세 가지 영역을 언급했기 때문입니다. 생물의학 전문가가 역학적·생물적 지식과 견문만 바탕으로 병을 대하면 환자가 그동안 살아온 삶을 무시하게 되고 그로 인해 환자는 심각한 충격을 받게 된다고 클라인먼은 강조했습니다. 그러니 이런 문맥에서 고려해본다면 "선생님의 가족이 같은 상태라면, 어떻게 하시겠어요?" 하는 질문은 외려 가족 입장에서 마땅히 할 만한 것으로 볼 수 있습니다.

미야노 씨가 말했듯 주치의는 미야노 씨와 함께 시간을 보낸 사람이니 그는 미야노 씨의 민간 영역에 포함되어 있습니다.

미야노 씨 또한 주치의의 민간 영역에 들어간 셈이고요. 그러니 "뭔가 없을까요?" 하는 미야노 씨의 질문을 듣고 주치의도 조금은 기쁘지 않았을까요? 다른 환자들은 분명히 "선생님이라면 어쩌시겠어요?"라든가 "그래서 어떡하면 좋을까요?"라고 물으며 의사를 자신에게 끌어당길 것입니다. 미야노 씨는 그런 질문을 하지 않는 보기 드문 환자가 아니었을까 싶습니다.

미야노 씨는 민간·전문·민속 세 영역이 대립 구조를 이룬다고 하셨는데, 경우에 따라서는 서로 보완하기도 하는 듯합니다. 연휴가 끝나고 첫 의료인류학 수업에서는 클라인먼의 세 가지 영역을 활용해 자신의 임상이나 일상에서 벌어진 일을 분석하는 과제의 결과를 공유했는데, 굉장히 다채로운 사례들이 등장했습니다.

인플루엔자 감염을 막기 위해 예방접종부터 있는 대로 수단을 강구하며 시행착오를 거듭한 끝에 마누카 꿀을 굳게 신뢰하게 되었다는 가족, 연휴 중에 병원을 가면 동료에게 폐를 끼칠까 봐 자택요양과 대체요법으로 치료하려 한 간호사, 가족과 의사의 말은 무시한 채 텔레비전의 정보만 무조건 믿는 중년 여성. 사례들에는 인생의 온갖 희비가 교차했습니다.

그중에는 암의 대체요법에 대한 이야기도 있었습니다. 대체요법은 믿을 수 없다며 표준치료만 고집하는 사례와 대체요법

덕을 보았다는 사례로 크게 나뉘었지요. 표준치료와 대체요법에 대해서는 이미 파고들었으니, 이번에는 미야노 씨가 보낸답장을 읽고 제가 신경 쓰였던 점으로 방향을 틀어 질문하겠습니다.

미야노 씨는 대체요법의 가능성을 배제한 채 그것을 권하는가족도 친척도 친구도 물리치고 홀로 통계를 들여다보았습니다. 스스로를 고독으로 몰아넣으면서도 철저하게 합리적인 결정을 하려 했지요. 그런 모습은 마치 누구와도 말을 나누지 않고 높은 산을 수백 일 동안 달려 오르다, 오감이 칼날처럼 날카로워져서 타들어간 향의 재가 떨어지는 소리조차 들을 수 있게된 고귀한 수도승 같습니다. (수도승이 환청을 들었을 가능성도 있긴 합니다.)

"그 질문은 금기입니다."라고 한 미야노 씨에게 깜짝 놀랐지만, 동시에 떠올렸습니다. "갑자기 병이 악화될지도 모른다."라는 말에 미야노 씨가 가장 먼저 '민폐를 끼치면 안 된다'고 생각했음을. 제가 같은 말을 들었다면, 아마 그런 생각부터 하지는 않았을 겁니다. 만나고 싶은 사람, 하고 싶은 일 등을 떠올리며 훨씬 자기중심적으로 움직였을 것 같습니다.

그렇지만 미야노 씨는 자신의 이런저런 사정이 타인의 영역에 흘러들어 그 때문에 누군가 혼란을 겪어서는 안 된다고 생각하지 않으셨나요. 철칙이라 하면 호들갑스럽지만 어쨌든 그런 규칙을 스스로 과제 삼아 살아오지 않으셨나요. 자신의 생명이 곧 끝날지 모르는 극한 상황에 놓여 있음에도 말입니다. 미야노 씨는 그런 방식으로 나름 자기를 지키려 했던 걸까? 저는 그런 의문이 들었습니다.

제가 재미있다고 생각한 건 그 때문입니다. 합리성의 화신 같은 수도승 미야노가 '우연성'이라는 주제에 천착한 철학자 구키 슈조九鬼 周造[*]를 연구하니까요. 또한 합리성과는 동떨어질 뿐더러 타인에게 민폐를 끼치는 행위로 (이소노 마호의 순위에서) 3위에 해당하는 연애에 대한 책도 썼고요. 심지어 그 책을 보면 미야노 씨는 '왜 저렇게 사서 고생을 할까?' 하는 생각이 절로 드는 연애를 여태까지 몇 번씩이나 경험해왔습니다. (독자들은 '대체 어떤 연애를 한 거예요!'라고 묻고 싶겠지만, 저는 묻지 않을 테니 안심하시길.)

미야노 씨는 이렇게 말씀하셨지요. "(병을 앓는) 내가 현재 어떤 상황에 처해 있는지, 철학자로서 분석해주겠어요."라고요. 철저하게 합리적으로 판단하려 한 과정에서, 그럼에도 병세가

---

[*]   20세기 초반의 철학자. 젊은 시절 프랑스와 독일에서 공부하며 하이데거, 사르트르 등과 교제했다. 일본에 돌아온 뒤에는 일본과 동양의 정신적 전통, 시간론, 우연성 등에 대해 독자적인 철학 세계를 전개했다. 대표적인 저서로 『'이키'의 구조』 『우연성의 문제』 『인간과 실존』 등이 있다.

악화되는 와중에, 구키 슈조는 미야노 씨의 인생에 어떤 위치를 차지하고 있나요? 더 나아가 미야노 씨가 병에 걸리기 전부터 구키 슈조는 미야노 씨의 인생에 어떻게 존재해왔나요?

저는 구키 슈조에 대해 문외한인데, 구키 슈조가 우연성과 더불어 운명에 대해서도 이야기했다면 그것도 가르쳐주시길 바랍니다.

아, 맞다. 저는 '안식 인형'에 효과가 있다고 생각합니다. 문화인류학적으로는 주술에 해당하는데, 사람은 할 수 있는 일을 모두 한 뒤 자신이 바라는 미래를 사물에 맡깁니다. 필사적으로 공부했으면서도 대입 시험에서 연필을 굴리며 문제를 푸는 수험생, 연승이 이어지길 바라며 속옷을 갈아입지 않는 프로야구 감독 등. (도시전설일지 모르지만요!)

지금을 구체적으로 살아가는 사람들이 손안에 있는 사소한 사물에서 일어나길 바라는 미래를 찾아내고 기도합니다. 그런 사물에 효과가 없을 리 없다고, 저는 생각합니다.

2019년 5월 8일
학창 시절 구키 슈조에 대해 배웠지만 졸았던 기억밖에 없는
이소노 마호 드림

추신 1 디펙스 저팬DIPEx Japan이라는 비영리단체가 있습니다. 갖가지 병을 앓는 수많은 이들로부터 건강과 병에 관련한 이야기를 모아 공개하는데, 그중에는 유방암의 대체요법에 대한 것도 있습니다. 대부분 대체요법에 회의적이지만, 긍정적으로 보는 사람도 있습니다. 미야노 씨는 어떻게 생각할지 궁금하네요.

추신 2 한의학은 전문 영역과 민속 영역에 모두 속할 것입니다. 침, 뜸, 마사지 등에 대한 국가자격증을 지닌 이들이 색다른 치료를 하는 경우도 있어서 구분하기 애매하곤 합니다. 또 보험진료 범위 밖에서 자유롭게 받는 암 진료는 전문 영역에 포함되는지, 미용성형은 어떻게 봐야 하는지도 문제이지요. 오늘날에는 인터넷에 막대한 정보가 있기 때문에 클라이먼의 세 영역으로 얼마나 명확히 나눌 수 있을지 의문스럽습니다. 이와 관련해서 미야노 씨의 의견이 궁금하지만, 그러다가는 우리의 대화가 영원히 세 영역을 맴돌 듯하니 다음 기회에 이야기하지요.

순발력으로 살아가는 인류학자

이
소
노
마
호
님
께

　연휴가 끝났습니다. 기온도 갑자기 높아져서 단숨에 여름이 다가온 듯합니다. 저는 이 계절을 가장 좋아한답니다. 야구장을 가로지르는 바람이 상쾌하고, 선명한 초록색 잔디에는 생기가 넘칩니다. 짐작하시겠지만, 저는 지금 히로시마에 있습니다. 물론 히로시마 도요 카프의 경기를 보기 위해서이지요. 아무리 바쁘고 컨디션이 나빠도 '직관'만은 그만둘 수 없습니다. 제가 좋아하는 팀을 응원하고 싶기도 하고, 무엇보다 제가 야구라는 스포츠를 사랑하기 때문입니다.

　이따금씩 왜 그렇게 야구를 좋아하느냐는 질문을 받습니다. 그때마다 저는 "그야 아름다우니까."라고 답합니다. 물론 응원하는 팀의 승리도 즐겁습니다. 선수들의 운동능력에 압도당할

네 번째 편지
우연을 연구하는 합리적 철학자

때도 종종 있지요. 하지만 무엇보다 시합 속에서 '지금'이 태어나는 순간을 마주할 때마다 그 아름다움에 저도 모르게 매료됩니다. 그 아름다움이 '우연성'에서 유래한다는 것을 저는 구키슈조의 철학을 통해서 배웠습니다.

이번에는 앞선 편지와 달리 추상적인 이야기를 할 것 같습니다. 본래 철학자란 그런 생물입니다만. 아무튼 합리성과 우연성 속을 살아가는 인간의 모습에 대해 생각해보려 합니다.

그나저나 제가 '수도승' 같고 '합리성의 화신'인가요. 물론 '착한 환자'가 되는 데 지나치게 정신이 팔려서 각 영역 사이에 선을 긋고 의료인의 전문 영역을 절대 침범하지 않으려 하는 것을 스스로도 어렴풋이 눈치채고 있었습니다. 제가 분명 드문 환자라는 것도요.

그래도 제가 의사에게 '대하기 쉬운 착한 환자'일 것이라고 조금은 자부하고 있었습니다. 결국에는 현대사회에 계몽되어 공부 잘하는 우등생에 불과할지도 모르지만요. (이소노 씨가 우등생이 아니라는 말은 아니고요.) 민폐를 끼치지 않고 스스로 책임지며 살아가기 위해 되도록 객관적으로 위험성과 이득을 판단하는, 합리성을 갖춘 자본주의적 삶의 방식. 오늘날 사회에서 요구하는 훌륭한 태도일 수도 있습니다. 저는 그런 삶이 바람직하다고 여기지는 않지만요.

합리성에 기초한 자본주의적 삶의 대표적인 특징을 한마디로 정리하면, '통제 욕구'라고 할 수 있겠습니다. 우리는 시간의 흐름에 꿰뚫려 끊임없이 변화하는 세계 속에서 살아가고 있습니다. 물론 자신이라는 존재도 시시각각 변해갑니다. 말하자면, 앞으로 어떻게 변할지 모르는 '불확정성'이야말로 미래라 할 수 있지요.

그렇지만 아무것도 알 수 없는 불확정한 미래에 휘둘리기만 하는 삶은 너무나 불안합니다. 조금이라도 안심하고 싶다는 바람 때문에 우리는 지성을 동원해 미래에 일어날 법한 일을 예측합니다.

예전에는 경험에 의존해 상상하던 내일 날씨도 지금은 기상위성과 과거의 통계 덕에 높은 정확도로 예측할 수 있게 되었지요. 그렇게 예측으로 주위 환경의 변화를 어느 정도 알게 되면 다음에는 자신의 행동을 계획합니다.

음, 내일은 강수확률이 50퍼센트구나. 그렇다면 새하얀 원피스를 입는 건 합리적이지 않은 행동이야. 젖어도 괜찮게끔 (위험성을 고려해서!) 어두운 색 스커트를 입자. 내일은 바람이 세지 않다고 하고 혹시 예보가 빗나가면 큰 우산은 번거롭기만 하니 (위험성과 이득을 계산해서!) 접을 수 있는 작은 우산을 갖고 나가자.

이처럼 우리는 확률에 기초한 예측을 염두에 두고 자신의 행동을 계획합니다. 세계가 변화하는 방향은 객관적 확률에 따라 예측하고, 흘러가는 시간 속에서 그 예측을 고려해 삶을 계획하죠. 그 덕에 매일 안전하고 안심이 됩니다. 지금 말한 내용의 바탕에는 자신이 모르는 것과 제어할 수 없는 일을 되도록 이 세계에서 배제하려는 '통제 욕구'가 있습니다. 불확정한 미래가 아니라 예측 가능한 앞날을 원하는 것이지요. 만에 하나 예측하지 못한 일이 벌어진다 해도 대처할 수 있도록 최대한 준비해두고요.

그럼으로써 이 세계는 무엇이 있는지 알 수 없는 황야에서 인간의 힘으로 정돈된 공간이 되었습니다. 우리는 정돈된 세계에서 안심하고 인생을 계획할 수 있게 되었지요. 물론 계획한 대로 준비도 착실히 해두어야 합니다. 이만큼이나 많은 것을 (위험성도 포함해서) 미리 알 수 있으니 준비에 만전을 기해 민폐를 끼치면 안 된다는 말이지요.

이소노 씨의 편지를 읽으면서 제가 현대사회에 완전히 물들어 성장한 인간이라는 사실을 새삼 뼈저리게 깨달았습니다. 그런데요, 아시다시피 저에게는 또 다른 면도 있습니다. 이소노 씨도 재야연구자로 '문예공화국 모임'을 주최하는 사카마키 시토네 씨가 한 말을 들으셨지요?

"괜찮아요. 미야노 씨는 하고 싶은 일만 하니까."

그렇습니다. 저는 때때로 '이거다!' 싶은 일이 있으면 위험성이고 이득이고 전혀 계산하지 않고 일단 뛰어듭니다. 예컨대 이소노 씨와 처음 만난 문예공화국 모임도 실은 통원 일정이 빡빡해서 시간을 거의 낼 수 없던 시기였음에도 참여했습니다. 합리적으로 판단하면 쉬는 게 좋았겠지요. 하지만 저는 이소노 마호라는 사람과 만나고 싶어서 모임 장소로 향했습니다. 당연하지만 그때는 이소노 씨와 이렇게 많은 일을 함께하게 될 줄 몰랐습니다. 그저 좀 재미있을 듯하니 한번 가볼까? 하며 제 욕망에 충실했을 뿐이지요.

돌이켜보면 저는 책가방에 담은 준비물을 거듭해서 확인하던 조심성 많은 아이였습니다. 그런 반면에 착실히 준비하고 정돈한 상황을 내팽개치는 구석도 있어서 가끔 느닷없이 모든 걸 내버리고 엉뚱한 짓을 저지르기도 했지요.

연애는 제가 저지른 엉뚱한 짓의 대표적 사례입니다. 이소노 씨는 연애에 대해 "합리성과는 동떨어질뿐더러 타인에게 민폐를 끼치는 행위 3위"라고 적으셨지요. 그 말대로 합리성과 가장 연이 없는 것이 연애입니다. (참고로 연애는 틀림없이 민폐를 끼치는 행위이지만, 그러지 않기 위해서 '이키ぃㅎ'* 같은 연애의 '기술'이 생겨났다고 저는 생각합니다.)

애초에 사랑이란 의지로 제어할 수 없습니다. 누구를 좋아하게 될지 앞으로 어떻게 될지 예측도 불가능합니다. 합리성을 내팽개치는 스릴, 순간순간의 감정만 따르는 단순함, 전부 부숴버리고 싶은 오싹한 충동. 그저 당장의 욕망에 충실할 수밖에 없습니다.

이런 모순이 또 있을까요. 오로지 합리성을 따라 미래를 내다보고 계획대로 나아가겠다는 태도와 전부 때려치우고 지금 이 순간만 살아가겠다는 태도가 동시에 있는 것입니다. 이런 양극단의 태도 사이에서 저는 젊은 시절에 자신을 주체하지 못했습니다. 정리가 되면 부수고, 부수면 불안해서 괴로워하고, 다시 합리적으로 살려고 하지만 또다시 전부 내던졌습니다.

그런 일을 반복하는 와중에 저는 철학과 만났고 마음이 조금은 편해졌습니다. 제가 품은 모순이 무엇인지 철학―특히 구키 슈조의 철학―이 잘 설명해주었기 때문입니다. 물론 설명이 되었다고 해서 잘 살아갈 수 있었다는 말은 아닙니다. (그랬다면 제가 합리성의 화신이 되었을 리가요.)

이제 구키 슈조를 언제 처음 읽었는지 기억나지도 않습니

---

*   '이키'란 일본 문화의 미적 이념으로 '멋'이나 '풍류'라고 번역하기도 한다. 연애에 있어 '이키'는 관능을 조심하며 도회적으로 담담하고 세련되게 상대방을 대하는 것을 가리킨다. 참고로 구키 슈조는 자신이 쓴 『'이키'의 구조』에서 '이키'를 단서로 일본 철학을 재구성하려 했다.

다. 이소노 씨는 수업 시간에 구키 슈조의 글을 배우다 잤다고 했는데, 저 역시 처음에는 재미를 몰랐습니다. 그저 조금 세련된 일본문화론 책이라고 생각했지요. 다만 구키 슈조의 주요작인 『우연성의 문제』*를 읽고 '이 책 뭐야! 이상해!'라고 생각했던 건 기억납니다. 매우 논리적인 책인데 마지막 부분에서 비합리의 극치인 우연성을 너무 쉽게 인정해버려서, 그 비약에 깜짝 놀랐습니다. 하지만 그렇게 비약하는 방식이야말로 제가 구키 슈조에게서 배운 것입니다. 사람은 합리적으로 살려고 한다, 하지만 아무리 해도 어려운 일이 있다, 그럴 때는 '뛰어넘자'.

『우연성의 문제』라는 책이 왜 이상할까요? 제목대로 주제는 '우연성'인데 좀처럼 '우연이란 이런 것'이라고 정의하지 않습니다. 우선은 우연성의 정반대라고 할 수 있는 '필연성'부터 설명하지요.

무언가를 생각할 때, 우리에게는 일정한 순서 또는 잘 짜인 틀이 필요합니다. 예를 들어 '사과는 과일의 일종이다.' 또는 '체중을 줄이려면 운동을 해야 한다.' 또는 '사과가 땅에 떨어지는 건 중력 때문이다.' 같은 식으로 일정한 틀에 따라 이해하지요. 이 세 가지 예에서 각각의 틀은 '전체와 부분의 분류', '목적

---

* 『偶然性の問題』岩波書店 2012.

과 수단의 검토', '원인과 결과의 탐구'로 모두 다릅니다. 이와 같은 틀, 즉 사고의 순서가 현상에 맞아떨어지면 '필연적'이라고 말합니다. 보통 우리는 필연성에 따라 '합리적'으로 이 세계를 이해하고 미래를 예상하려 합니다. 일정한 틀에 따라 필연적으로 도출된 미래라면 안심하는 것입니다. 지성을 지닌 인간은 그렇게 세계를 분류하고 정리하여 안정시킴으로써 진보해왔습니다.

구키 슈조는 필연성을 설명하는 데 많은 지면을 할애합니다. 얼핏 보면 필연성이 없는 것(즉 우연한 것)에서도, 예컨대 네잎클로버에서도 잘 생각해보면 원인을 찾아낼 수 있다고요. 그런데 실컷 필연성에 대해 이야기한 구키 슈조는 갑자기 이런 말을 꺼냅니다. "아무리 원인을 찾아봐도 알 수 없는 게 있지요."

네잎클로버를 예로 들겠습니다. 일반적인 세잎클로버의 관점에서 보면 네잎클로버는 예외적으로 '우연히' 생겨난 것입니다. 그렇지만 우리는 그 속에서 필연성을 찾습니다. 싹이 나자마자 사람에게 밟혔다든지, 햇빛을 잘 보지 못했다든지, 영양이 지나쳤다든지 등 네잎클로버가 된 여러 원인을 찾아냈지요.

그런데요, 왜 하필 지금 내 눈앞에 있는 '이 클로버'가 네잎클로버인지, 그 원인을 최종적으로 특정할 수 있을까요? 사람에게 밟혔다고 해도, 왜 싹이 나자마자 사람이 그 위를 지나갔을까요? 적절한 타이밍에 사람이 지나갔다고 해도, 왜 잎의 특정한 부위를 정확하게 밟았을까요? 특정한 부위를 정확히 밟혔다고 해도 햇빛을 잘 받았으면 세잎클로버로 자라났을 텐데, 왜 날씨가 흐렸을까요? 애초에 왜 그 자리에 클로버의 씨가 떨어졌을까요?

우리는 네잎클로버가 생겨난 원인을 나중에 그럴듯하게 덧붙일 수 있습니다. 하지만 그 원인들이 왜 '이 클로버'에 '지금의 형태'로 집약되어 나타났는지는 '이런저런 타이밍이 어쩌다 보니 겹쳤다'고 말할 수밖에 없지 않을까요. 구키 슈조는 바로 그렇게 생각했습니다. 그 자리에 씨가 떨어지지 않을 가능성이 있었고, 씨가 떨어졌다 해도 햇빛이 내리쬐는 시점이 다를 가능성이 있었습니다. 그럼에도 어째서인지 많은 원인들이 '이 클로버'가 '지금의 형태'가 되게끔 수렴된 것입니다. 그렇게 수렴되도록 이끈 필연성은 누구도 찾아낼 수 없습니다. '어쩌다 보니' 그렇게 된 것입니다. 이 세상 만물의 근본에는 최종적으로 왜 지금처럼 되었는지 설명할 수 없다는 수수께끼가 남습니다.

자기 자신의 존재도 마찬가지입니다. 부모님의 만남, 임신 중 어머니의 건강 상태, 생후의 영양 관리 등 수많은 원인을 꼽을 수는 있습니다. 그렇지만 왜 내가 지금 이 모습이 되도록 그 원인들이 조합되었는지는 알 수 없습니다. 이렇게 최종적으로 남는 수수께끼를 구키 슈조는 독일 철학자 프리드리히 셸 링Friedrich Schelling의 용어를 빌려 '원시우연原始偶然, Urzufall'이라고 불렀습니다. 구키 슈조는 원시우연을 고려해보면 우리가 살아가는 현실에 결국 필연이란 없지 않을까 생각했습니다.

물론 벌어진 일의 원인을 파고들고, 앞으로 찾아올 미래에 대비하기 위해 합리적으로 생각하는 것은 중요합니다. 다만 시간이 흘러가며 수많은 변화가 일어나는 이상 다양한 원인이 다음 순간 어떻게 얽힐지, 그리고 그 순간으로 다다르는 여러 흐름이 어떻게 수렴될지를 무언가가 완전히 결정할 수는 없습니다.

매 순간 갖가지 원인이 우연히 겹쳐서 '지금'이 태어나고 예상하지 못했던 새로운 미래가 펼쳐지는 식으로 우리가 살아가는 현실이 성립되는 것 아닐까요. 구키 슈조는 이렇게 말했습니다. 알 수 없는 미래를 향해 '지금'을 만들어내는 것이 바로 우연이다. 우연은 '현실의 생산점'이다.

구키 슈조가 합리성을 추구해봤자 쓸모없다든가 필연성은 무의미하다고 말한 건 아닙니다. 그가 『우연성의 문제』에서 필연성부터 분석했듯이, 지성을 지니고 합리적으로 살아가려 하는 우리는 최선을 다해 필연성을 찾습니다. 그럼으로써 흘러가는 시간 속에서 변해가는 세계를 통제하려 합니다. 인생이 안정되길 바랍니다. 그렇게 인간은 진보하며 사회를 일군 것입니다.

이소노 마호 님께

짓궂다고 할지 재미있다고 할지, 합리성에 기초한 지성을 갖추었기 때문에 인간은 비로소 우연성을 깨달을 수 있었습니다. 원인을 쫓으며 일정한 흐름을 탐구했기 때문에 그런 흐름에서 벗어난 것을 찾아낼 수 있지 않았을까요? 합리성이 없으면 합리성을 허무는 스릴을 맛볼 수 없듯이 '이렇게 될 것이다.' 하는 필연적 예측이 없다면 '말도 안 되는 일이야.' 하며 우연에 놀라지도 않을 것입니다. 합리성을 추구하는 인간 본연의 자세와 통제할 수 없는 현실의 이면에 숨어 있는 우연성이라는 수수께끼. 우리가 그 사이에서 살아가고 있다는 사실이 『우연성의 문제』를 읽으면 강하게 실감됩니다.

다시 야구입니다.

야구를 보면 종종 터무니없는 일이 벌어집니다. '이 타이밍에 홈런이라니!' '하필 지금 에러를 저질러야 해?' 같은 생각이 듭니다. 홈런을 단순한 우연으로 치부하면 노력한 선수에게 무례한 것 같습니다. 그래서 홈런은 필연적인 결과라고 하지요. 수비 에러를 필연이라 하면 너무 가혹한 것 같아 불운한 우연이라고 합니다.

그렇지만 홈런이든 에러든 모두 우연과 필연 사이에서 벌어진 일, 혹은 필연 끝에 일어난 우연이라고 해야 하지 않을까요. 분명히 홈런을 위해서 타자는 많은 노력을 하고 투수의 기록을 연구하면서 준비했을 것입니다. 그렇다고 해도 역시 그 순간 홈런을 친 것이 필연은 아닙니다. 공을 놓는 순간 미묘하게 어긋난 투수의 손가락, 타자가 배트를 내민 각도, 그날의 바람과 기온에 습도까지. 이 모든 요소가 어쩌다 보니 한데 어우러져 홈런이 터진 것입니다. 수비 에러도 마찬가지입니다. 아무리 준비하고 타구 방향을 예측한들, 상상치 못한 방향으로 공이 날아오기도 합니다.

수많은 조건과 여러 줄기의 흐름이 한순간 '만나서' 우연히 '지금'이 태어납니다. 야구에서 그런 장면을 마주할 때마다 저는 현실이란 이렇게 성립되는구나 하며 놀랍니다. 그와 동시에 '아름다움'을 느낍니다. 현실이 태어나는 순간은 물론, 그 순간을 받아들이는 선수들의 강인함도 아름답습니다. 선수들은 현실이 우연에 좌우된다 할지라도 결코 노력과 준비를 그만두지 않습니다. 자신의 힘으로 어쩔 수 없는 것이 있음을 알면서도 선수들은 배트를 휘두르고 글러브를 내밉니다. 필연성을 추구하여 시합의 전개를 예측하고 스스로를 통제하려 하지만, 마지막 순간 그라운드에서 벌어지는 일에 자신의 몸을 기꺼이 던집니다. 예측할 수 없는 세계를 믿고 몸을 내맡길 만큼 강인한 것입니다. 저는 그처럼 강인한 선수들을 동경합니다. '지금'이 태어나는 순간을 목격하다 때때로 울컥하기도 합니다.

병에 걸려 불안에 쫓기던 저는 합리적으로 미래를 예측해서 자신을 지키려 했습니다. 최대한 혼란을 피하고 싶었습니다. 저 혼자 어떻게든 하고 싶었습니다. 하지만 그러는 동안 세계를 향한 믿음과 우연히 태어나는 '지금'에 몸을 내던질 용기를 잊어버린 것 같습니다. 오늘 빨간 유니폼으로 물든 야구장 관중석에서 새삼 그런 사실을 깨달았습니다.

2019년 5월 13일
계획적으로 체력을 배분해야 하는 오래달리기가 특기인 철학자
미야노 마키코 드림

추신 세계를 믿고 '지금'에 몸을 내맡기며 우연 속을 살아가는 삶이란 무척 멋집니다. 저도 마음 한구석에서는 그렇게 살고 싶다고 바랍니다. 하지만 우연에 몸을 던지는 삶은 주위 사람까지 끌어들입니다. '나 혼자 선택하면 그만'이 아닙니다. 우연에 몸을 던져 연애를 하는 것과 제 병에 주위 사람들이 휘말리는 것은 꽤 다른 차원의 문제입니다. 이것이 우연의 철학을 연구해온 저의 현재 가장 큰 고민입니다.

네 번째 편지
우연을 연구하는 합리적 철학자

야구장에서 찍은 사진을 정리하다가
좀 오래된 사진이 눈에 띄었습니다.
메이저리그에서 돌아온 구로다 히데키 투수가
공식 복귀전을 치른 날이었습니다.

불운과
요술

구키 슈조를 20년이나 연구한 철학자

미
야
노
마
키
코
님
께

내일은 일본 프라이머리·케어 연합학회의 학술대회에서 HPV 백신* 심포지엄이 있습니다. 제가 심포지엄의 발제자 중 한 명으로 지명된 터라 지금 교토에 가는 중입니다. 학회를 앞두면 꼭 '학회 우울증'에 빠지는데, 어젯밤 미야노 씨가 교토의 맛집들을 소개해주신 덕에 우울증에서 벗어날 수 있었습니다. 감사합니다. 미야노 씨 덕분에 준비를 무사히 마치고 생각보다 설레며 교토로 가고 있습니다.

미야노 씨가 스포츠에 대해 품은 생각. 제 생각도 완전히 똑같습니다. 게다가 저는 한때 나름 진지하게 운동을 했습니다.

---

*   인유두종 바이러스 백신(human papilloma virus vaccine).

최선을 다해 준비한 다음, '이제 실전이다!' 하고 뛰어들 때 느끼는 두근거림을 무척 좋아한답니다. 경기에서는 대체로 강한 쪽이 이기지만, 뚜껑을 열기 전에는 결과를 알 수 없습니다. 그런 점이 우리 삶과도 닮았지요. 그래서 제가 스포츠에 끌리는지도 모르겠네요.

자, 미야노 씨의 답장을 읽고 저는 무슨 생각을 했을까요. 불운을 바라보는 시선이 눈에 띄었습니다. 미야노 씨는 저번 편지를 이렇게 마무리하셨지요.

> 병에 걸려 불안에 쫓기던 저는 합리적으로 미래를 예측해서 자신을 지키려 했습니다. 최대한 혼란을 피하고 싶었습니다. 저 혼자 어떻게든 하고 싶었습니다. 하지만 그러는 동안 세계를 향한 믿음과 우연히 태어나는 '지금'에 몸을 내던질 용기를 잊어버린 것 같습니다. 오늘 빨간 유니폼으로 물든 야구장 관중석에서 새삼 그런 사실을 깨달았습니다.

미야노 씨가 추신에 적었듯 우연에 나를 내던지는 삶이란 매우 멋있습니다. 저 역시 그렇게 살고 싶은 마음이 있지요. 하지만 의사조차 다음 치료법을 좀처럼 떠올리지 못하는 미야노 씨의 현재 상황을 듣고 있으면, 이 세계를 믿으며 우연하게 태어나는 '지금'에 몸을 내던지는 것이란 무엇인지 저는 솔직히 전혀 상상할 수 없습니다.

암을 대하는 저의 감각은 '미야노를 알기 전'과 '미야노를 알게 된 후'가 판이하게 다릅니다.

미야노를 알기 전, 저에게 암이라는 병은 단순한 개념이었고 암은 분석할 수 있다는 냉정한 생각을 무의식중에 품고 있었습니다. 요즘 들어 그랬던 걸 깨닫고 있습니다. 미야노를 알게 된 후, 저에게 암이란 훨씬 감정적인 병으로 변했습니다. 미야노 씨가 병에 걸려 저런 상황에 처하다니 너무 부조리하다고 매일 한 번 정도는 생각합니다. (가끔 잊어버리는 날도 있습니다. 죄송해요….)

미야노 씨는 앞으로 할 수 있는 일이 산더미만큼 있는데 암에 걸렸습니다. 그럼에도 수상한 대체요법에 손대지 않고 항상 합리적으로 판단하려 하며 일도 착실히 해냅니다. 아마도 의사와 간호사는 미야노 씨를 소통하기 쉬운 환자로 여길 것입니다. 그런 미야노 씨의 암이 점점 악화되고 있다니, 도무지 용납할 수 없는 현상입니다. 부끄럽지만 전철역이나 거리에서 무례한 사람을 보거나 약삭빠른 짓을 하는 사람을 보면 '미야노 대신 암에 걸려버려!' 하며 분노하기도 합니다.

제가 오늘 화제로 삼고 싶은 것은 바로 문화인류학에서 무척 유명한 '요술'입니다.

요술에 대한 가장 유명한 해설은 영국 문화인류학자 에드워드 에번스프리처드Edward Evan Evans-Pritchard의 책 『아잔데족의 요술, 신탁, 마법』*에 등장합니다. 에번스프리처드는 이 책에서 아잔데족** 사람들이 온갖 불운을 요술 탓으로 돌린다고 언급했습니다.

나무 그루터기에 발이 걸려 다쳐도, 항아리가 깨져도, 농사가 흉작이어도, 아이가 열이 올라도 전부 요술 때문입니다. 창고의 처마 아래에서 바람을 쐬며 낮잠 자다 건물이 무너져 다쳐도 요술이 원인이지요. 정말 온갖 일들을 요술 탓으로 돌려서 책의 전반부는 읽다 보면 웃음이 나옵니다. 그런데 에번스프리처드는 그렇게 해설한 다음 모든 경우에 요술이 원인인 건 아니라고 말합니다.

나무 그루터기에 발이 걸렸다고 무조건 요술 탓으로 돌릴 수는 없습니다. 가령 평소대로 그루터기를 조심하며 걸었음에도 발이 걸려 다쳤고, 잘 아물던 상처가 왠지 곪아서 낫지 않는다면 요술 때문이지요. 항아리가 깨진 것 역시 마찬가지입니다. 늘 하던 대로 항아리를 빚었는데도 왠지 이번에는 깨졌다면 요

* *Witchcraft, Oracles and Magic among the Azande*, Oxford University Press 1976.
** 남수단, 콩고민주공화국, 중앙아프리카공화국 등에 거주하는 아프리카 원주민.

술을 탓할 수 있습니다.

　이제 눈치채셨을 듯한데, 게으름, 부주의, 비윤리적 행위 등으로 인한 불운한 일이 일어난다면 그 불운은 요술 탓으로 돌릴 수 없습니다. 그런 일은 당사자 책임입니다. 요술은 노력과 준비를 충실히 했음에도 불구하고 벌어진 불운을 설명할 때 쓰입니다.

　에번스프리처드는 요술의 기능에 대해 더욱 파고들어 명쾌한 언어로 설명합니다. 요술은 '구멍 뚫린 원'을 메우는 역할을 한다고 말입니다. 아잔데족 사람들은 창고가 무너진 건 흰개미가 기둥을 갉아먹었기 때문이라는 것을 압니다. 흰개미 때문에 창고가 무너지기도 한다는 걸 알고 있지요. 그런데 아잔데족은 한 발 나아가 질문합니다. 왜 내가 쉬고 있을 때 창고가 무너졌을까? 왜 쉬는 시간이 끝난 뒤가 아니었을까? 창고 아래에서 쉬는 것과 흰개미 때문에 창고가 무너지는 것, 왜 서로 독립된 두 사건이 동시에 일어났을까?

　과학적 관점으로는 이런 의문들을 설명할 수 없습니다. 그런데 요술은 이런 질문들에 답해서 '구멍 뚫린 원'을 메웁니다. 요술 때문에 독립된 두 사건이 동시에 벌어졌다고요.

　바로 이것이 문화인류학자가 과학은 '어떻게(how)'를 설명하고 요술은 '왜(why)'를 설명한다고 이해하는 까닭입니다.

아잔데족의 요술에는 재미있는 점이 있습니다. 요술을 부린 사람은 자신이 요술사라는 걸 자각하지 못한다는 점, 그리고 아잔데족 사람들은 누구든 요술사가 될 수 있으며 언제든 자신이 요술사로 규탄당할 수 있음을 염두에 두고 있다는 점입니다. 그 때문에 신탁 결과 요술사로 인정된다고 해도 마을에서 배척하는 등 중죄인으로 다스리는 경우는 거의 없습니다. 불행이 일어나면 그 원인을 의식儀式으로 해소하지요. (참고로 이 경우는 에번스프리처드가 묘사한 아잔데족의 요술입니다. 세상 모든 요술이 똑같지는 않습니다.)

저는 요술이 불행을 해소하는 방법으로 꽤 탁월하다고 생각합니다. 사람은 잘 모르는 불행이 벌어지면 원인이 무엇인지 어떻게든 알려고 합니다. 되도록 남 탓으로 돌리고 싶어하기도 하지요. 그럴 때 우리 사회에서는 불운했다든가 어쩔 수 없는 운명이었다는 말밖에 하지 못합니다.

그에 비해 요술은 불행의 원인을 자기 밖에서 찾게 해주는데, 구조적으로 요술사라 지목된 이도 지나친 규탄을 받지는 않습니다. 게다가 모두에게 요술사가 될 가능성이 있기 때문에 원인이 분산되기도 하지요. 이런 의미에서 요술에는 불운의 원인을 사회 전체로 확산해 해소하는 힘이 있다고 할 수 있습니다.

우리가 사는 세계를 들여다보면 도무지 원인을 알 수 없는 불행임에도 억지로 누구 때문이라고 떠넘기거나 자기 책임이라며 떠안는 상황이 종종 눈에 띕니다. 카페에서 커피를 마시다 혀를 데면 카페 탓, 일시 퇴원한 할아버지가 집에서 경단을 먹다 목이 막혀 질식사를 하면 퇴원시킨 병원 탓, 독감에 걸리면 예방접종을 맞지 않은 탓, 암이나 당뇨병에 걸리면 평소의 생활습관 탓을 하는 것이지요.

신체적으로 불편한 사람이 그렇게 책임을 추궁당하면 사회적 고통까지 감내해야 하는 상황으로 몰립니다. 이런 상황은 매사에 반드시 원인이 있으며 합리적 판단으로 그 원인을 피할 수 있다고 믿는 현대사회의 신념이 불러일으킨 불행이라고 해도 무방합니다.

요술은 불가항력인 불행을 모두가 납득할 수 있는 형태로 변환하고, 그 책임을 사회 전체로 퍼뜨립니다. 우리 사회의 구조와 한계를 명확히 바라보는 데 있어 요술은 대단히 쓸모 있는 장치입니다.

다만 저는 이런 생각도 합니다. 요술이라는 설명이 과연 실제로 불행을 경험한 당사자들을 얼마나 구원할 수 있을까. 에번스프리처드는 열병 때문에 아이를 잃은 부모를 책에서 소개했습니다. 단, 에번스프리처드는 요술이 사회에서 맡는 기능에 주목했기 때문에 아이의 부모가 자신들의 불행을 요술로 설명

미야노 씨가 알려준
교토의 카페에도 들렀습니다.
굉장히 좋은 곳이네요.
바람이 무척 상쾌했고 경치도 멋졌습니다.

하고 그 후에 어찌 되었는지는 다루지 않았습니다.

물론 아잔데족 사회에서는 아이가 세상을 떠날 확률이 현대 사회보다 훨씬 높을 테니, 아이를 잃은 부모의 감정도 현대사회와 전혀 다를지 모릅니다. 하지만 슬프지 않을 리는 없습니다. 쉽게 말해서 아무리 불행이 요술 때문이라고 한들 전혀 납득할 수 없지 않을까요?

이런 표현은 너무 무례할지 모르지만 저는 미야노 씨가 대표적인 '요술 사례'라고 생각합니다. 물론 의학적인 관점에서 보면 젊은 시절 술을 많이 마셔서(웃음) 위험성이 높아졌다고 할 수도 있겠지요. 하지만 젊어서 술을 즐긴 사람은 수없이 많고 그들 모두가 미야노 씨처럼 되지는 않았습니다. 왜 미야노 씨는 이 시점에 이런 상황에 놓였을까요? 아무도 설명할 수 없습니다. 앞선 편지에서 미야노 씨의 말을 빌리면 셸링의 원시우연이라고 할 수 있겠지요. 그런데 원시우연이라고 설명한들 무슨 소용일까요?

어쩌면 우연을 주제 삼아 계속 이어져온 미야노 씨의 철학이 지금 미야노 씨가 처한 상황을 언어로 표현할 수도 있을 것 같습니다. 그래서 저는 물어보고 싶습니다. 미야노 씨는 지금 자신이 처한 상황을 받아들이기 위해 자기 자신의 철학을 어떻게 사용하고 계신가요? 그러면서 미야노 씨의 눈에는 무엇이 보였나요?

저는 문화인류학도, 세부 영역인 의료인류학도 무척 좋아합니다. 그러나 한편으로는 그런 학문이 그저 개념들을 이리저리 배배 꼬는 말놀이에 지나지 않는가 생각하기도 합니다. 그래서 미야노 씨가 자신의 몸에서 비롯된 이야기를 들려주셨으면 합니다.

2019년 5월 17일

학회 우울증을 맛집으로 극복한 의료인류학자 이소노 마호 드림

학회 출장을 만끽한

이
소
노
마
호
님
께

발제하느라 고생 많으셨습니다. 저도 이번 주말에는 학회가 있어 도쿄에 와 있습니다. 저번에 이소노 씨가 알려준 대로 요즘은 하네다 공항에서 도심으로 이동할 때 종종 리무진 버스를 이용합니다. 고속도로가 금방 지하로 내려가서 아쉽지만, 차창 밖으로 도심 풍경이 보일 때마다 정신없이 빠져듭니다. 저는 오랫동안 교토에 거주해서 수많은 사람이 고층건물에 모여 사는 방식이 낯설기만 한데, 그래서인지 도쿄의 풍경은 좀 위협적으로 느껴지기도 합니다. (돌이켜보면 후쿠오카에 갔을 때도 아파트가 많아서 살짝 기가 죽었습니다.)

비죽비죽 솟아오른 마천루, 고속도로 바로 곁에 자리한 아파트의 수많은 창문들. 대체 여기서 몇 만 명이 살까 생각하면 현기증이 납니다. 그렇게 좁은 공간에서도 기쁨과 슬픔과 분노가 얽힌 무수한 일들이 벌어지고, 다들 어떻게든 자신이 마주하는 일을 받아들이려 아등바등하며 살아가고 있겠지요. 그 힘이라고 할지, 굼실대는 물결이라고 할지, 어쨌든 저는 사람들의 '삶'에 압도됩니다.

모두들 어떻게 자신의 인생에 벌어지는 일을 받아들이면서 살아가고 있을까요? 울며 소리치거나 화를 낼까요? 그처럼 '이성을 잃고' 사는 사람은 많지 않을 것입니다. 일상을 살아가기 위해서, 안정된 생활을 유지하기 위해서, 무슨 일이 일어나면 원인을 조사하고 과정을 검토하여 반성하거나 단념하거나 다음 기회에 활용하겠지요. 바쁜 일상을 어떻게든 효율적으로 헤쳐나갈 것입니다. 각자가 의사와 책임이 있는 주체로서 스스로 인생을 일궈야 하며 그러기 위해서는 무엇보다 합리적이어야 하지요.

이런 삶의 방식은 무엇을 전제로 삼을까요. 이 세상 모든 일에는 반드시 원인이 있으며, 과정을 분석하면 원인이 분명해지고, 벌어진 일의 책임을 특정한 누군가 또는 무언가에 지울 수 있다는 사고방식입니다. 하지만 이소노 씨가 지적하셨듯 합리적인 태도는 특정한 누군가가 고통을 짊어지게 하며 때때로 우리를 몰아세우기도 합니다.

우리가 살아가는 세계에 원인이 분명한 일들만 일어날 리는 없습니다. 영문을 알 수 없는 일들이 급작스레 닥치기도 하지요. 그럴 때는 어쩌면 좋을까요. 억지로 누군가 또는 무언가에 원인을 돌리기보다는 잘 분산시키는 게 낫지 않을까요. 그런 방법을 이소노 씨는 에번스프리처드가 고찰한 아잔데족의 요술로 설명해주었습니다.

왜 서로 독립된 두 사건이 동시에 일어났을까? 과학적 관점으로는 이런 의문들을 설명할 수 없습니다. 그런데 요술은 이런 질문들에 답해서 '구멍 뚫린 원'을 메웁니다. (…) 바로 이것이 문화인류학자가 과학은 '어떻게(how)'를 설명하고 요술은 '왜(why)'를 설명한다고 이해하는 까닭입니다. (…) 요술은 불행의 원인을 자기 밖에서 찾게 해주는데, 구조적으로 요술사라 지목된 이도 지나친 규탄을 받지는 않습니다. 게다가 모두에게 요술사가 될 가능성이 있기 때문에 원인이 분산되기도 하지요. 이런 의미에서 요술에는 불운의 원인을 사회 전체로 확산해 해소하는 힘이 있다고 할 수 있습니다.

'독립된 두 현상이 어째서 동시에 일어나는지 답하여 구멍 뚫린 원을 메운다'는 표현은 그야말로 구키 슈조가 『우연성의 문제』에서 제시한 우연성의 정의나 다름없습니다. 구키 슈조는

'독립된 이원二元의 해후邂逅'라는 용어를 사용하여 확률적 사고로는 도저히 우연을 파악할 수 없다고 강조했지요.

우연이라 하면 주사위를 굴렸을 때 몇 퍼센트로 1이 나온다는 확률을 떠올리곤 하는데, 확률이 보여주는 것은 엄연히 객관적인 가능성입니다. 우연성이란 그 가능성이 '나'에게 가져오는 '해후/조우/마주침'과 그로 인한 '지금 이 순간'의 충격을 나타내는 개념이지요.

독특한 방식으로 '구멍 뚫린 원'을 이야기하여 예기치 않은 '해후/조우/마주침'의 원인을 설명하고, 그로써 충격을 완화하는 방법이 바로 요술이라고 할 수 있겠습니다.

한편 우연성은 '구멍 뚫린 원'을 보여주긴 하지만, '지금 이 순간'의 충격을 표현할 뿐 결코 원인을 설명하지는 않습니다. 왜냐하면 우연성은 필연성의 부정이며, '일어나지 않을 수도 있는 일이 어쩌다 보니 일어났다.'라는 뜻이기 때문입니다. 존재의 근거도 알 수 없으니 그 이상 설명할 노릇이 없습니다. 그저 일어나지 않았을 가능성도 있었는데 어쩌다 보니 일어났다고만 말할 뿐이지요.

구키 슈조의 표현을 빌리면 "유有와 무無의 접촉면에 개재하는 극한적 존재"가 바로 우연성입니다. 그래서 구키 슈조는 『우연성의 문제』에서 거듭하여 우연성에는 근거가 없고, 덧없으며, 이해할 수 없다고 이야기합니다.

누군가는 사실을 있는 그대로 덩그러니 던져놓기만 한 구키 슈조가 무책임하다고 할지도 모릅니다. 바로 그 때문에 진지하고 근면한 철학자들은 (구키 슈조가 게을렀느냐면 그렇지 않습니다만) 한계점, 즉 '이성의 심연'에 있는 우연성은 학문의 대상이 아니라며 기피했을 것입니다.

우연성처럼 알 수 없는 것을 계속 논한들 무슨 의미가 있느냐고 질문할지도 모르겠습니다. 하지만 이 문제는 매우 중요합니다. 무슨 의미가 있는지 계속해서 생각하는 것이 이소노 씨가 저에게 던진 "지금 처한 상황을 받아들이기 위해 자기 자신의 철학을 어떻게 사용하고 계신가요?"라는 질문의 답으로 이어지리라 생각합니다.

이소노 씨의 편지를 읽으면서 몇몇 단어가 눈에 띄었습니다. 먼저 '용납하다'라는 말, 그리고 '불운'과 '불행'입니다. 이소노 씨는 제 암에 대해서, 그리고 증상이 점점 악화되는 것에 대해서 "도무지 용납할 수 없는 현상"이라고 적어주었습니다. (고마워요.) 부조리하다고 화를 내주었습니다. '왜 하필 미야노야?' 하고 이유를 알 수 없었기 때문이겠지요. 그런데 그처럼 영문을 모를 것을 '용납하기'란 지극히 어려운 일 아닐까요?

이 대목에서 제가 염두에 두는 것은 '용납'이라는 단어입니다. '납득'과 '용납'은 비슷한 듯하지만 전혀 다릅니다. 어떤 일에 이치에 맞는 이유가 있거나 과거부터 현재까지 과정이 설명되어서 손쉽게 납득할 수 있을 때, 우리는 그 일을 힘들이지 않고 자연스럽게 받아들입니다. 단순히 그 일과 관련한 정보를 아는 데에서 나아가 그 일이 포함된 상황 전체에 아무런 위화감이 없어서 그야말로 '납득'하는 것이지요.

'용납'할 때는 어딘가에 위화감이 남습니다. '납득'이 어떤 일을 자연스레 소화하는 것이라면, '용납'은 그러지 못해서 어떻게든 소화하려 하는 것입니다. 그런데 내가 힘낸다고 소화가 되나요? 먹어야 하니까 삼키기는 했는데, 위 근처에 불쾌함이 남습니다. 소화 불량에 걸렸을 때 느껴지는 불편한 기분. 이소노 씨가 "도무지 용납할 수 없는 현상"이라고 적은 문장에서는 위장약 같은 것 없이는 해소되지 않는 떨떠름한 응어리가 느껴졌습니다.

우리 인생에는 '납득할 수 없는 일'(그래서 '용납하기 어려운 일')이 종종 일어납니다. 그 대표적 사례가 이유 없는 우연이지요. 우연에는 긍정적인 일(새로운 사랑과 만남 등)이 있는가 하면, 그저 놀라울 뿐 긍정적이지도 부정적이지도 않은 일(어쩌다 아는 사람과 마주침 등)도 있습니다. 그리고 명백하게 부정

다섯 번째 편지
불운과 요술

적인 영향을 미치는 일(재해 또는 사고)도 있지요.

길게 설명했지만 우연에는 행운, 공교로운 일, 불운이 있다고 할 수 있습니다. 제가 암에 걸리고 점점 악화되는 것은 아무리 발버둥 친들 부정적인 사태, 불운이겠지요.

그렇다면 저는 불행한 걸까요? 이소노 씨의 편지를 읽으면서 자문해보았습니다.

질문. "나는 불행한가?"
답. "불운하지만, 불행하지는 않다."

병에 걸렸으니 불행하지 않느냐고 생각할지도 모르겠습니다. 하지만 이소노 씨의 편지를 읽기 전까지 제가 스스로 불행하다고 느낀 적은 단 한 번도 없었던 것 같습니다.

물론 제가 암에 걸리지 않았다면 해외에 오랫동안 머무르며 연구를 했을 것입니다. 항암 부작용으로 머리카락이 빠지지 않았다면 온천이나 수영장에도 자유롭게 갔겠지요. 저에게 주어진 선택지는 이제 다른 사람과 비교해 많이 줄었습니다. 공교롭게 걸린 병 때문에요. 그래서 매일매일 '이게 뭐야!' 하며 화내고 있습니다.

설명하는 방식을 조금 바꾸겠습니다. 병에 걸린 저는 이제 무언가를 하려 할 때 다른 사람보다 전제 조건이 까다롭고 가능성이 제한됩니다. 제가 스스로 제한한 것은 아니며, 병이라는 불운 탓에 일방적으로 제한되었지요.

여기서 '일방적으로 제한되었다'에 주목해야 합니다. 일방적으로 제한되었기 때문에 저는 '이게 뭐야!' 하고 화낸 다음 '알게 뭐야.'라고 생각합니다. 스스로 제한했다면 되도록 준수해야겠지만, 제 뜻과 상관없이 멋대로 제한되었으니 얌전히 따를 필요는 없습니다. 일방적인 조건에 순종하여 그에 얽매여야 한다고 누구 맘대로 정했느냐는 생각이 듭니다.

그 때문에 저는 여전히 해외에 가려고 발버둥 치며, 어떻게든 수영장에 가보려고 고심합니다. 결국 저는 제가 암 환자라는 사실을 100퍼센트 받아들이지는 않았다고 할 수 있겠습니다.

분명히 저는 암을 앓고 있습니다. 하지만 그것이 저라는 인간의 전부는 아닙니다. 암에 걸린 불운에 분노하며 그 불운에서 어떻게든 인생을 되찾아 스스로 인생을 일구려고 안간힘을 쓰는 것, 암 환자라는 사실을 100퍼센트 받아들이지 않았다는 말은 바로 그런 뜻입니다. 그리고 그렇게 살아가는 덕에 저는 그런대로 충실한 인생을 보내고 있습니다. 제한이 있고 불운이 닥쳐왔지만, 스스로 인생을 놓아버리지 않았다는 점에서 저는 불행하지 않습니다.

세상에는 불운에 지쳐 쓰러져서 누군가 제시한 원인을 마주하고 부조리를 수용하는 사람도 있습니다. 100퍼센트 환자가 되는 사람들이겠지요. 물론 실제로는 납득하지 못했을지도 모릅니다. 하지만 알 수 없는 일에 화내 봤자 아무것도 변하지 않고, 그럭저럭 원인과 결과가 보이면 얌전히 그 흐름에 따르는 것이 합리적일 수 있습니다.

그렇지만 얌전히 따르면 자신의 존재를 '환자'라는 역할에 고정하게 되지 않을까요. 그럴 때 사람은 자신의 인생을 놓아 버리게 됩니다. 바로 그 순간 불행이 생겨나는지도 모릅니다. 무척 얄궂은 이야기인데, 불운이라는 부조리를 받아들여 자신의 인생을 고정한 순간 불행이라는 이야기가 시작되는 것 같습니다.

불운과 불행에 대해 생각해보려고 했을 때, 가장 먼저 돌아가신 아버지가 떠올랐습니다. 잠깐 시간 순서를 정리해보겠습니다.

저에게 유방암 증상이 처음 나타난 때는 2011년 가을입니다. 그 뒤에 간으로 전이된 것을 발견했지요. 제가 암의 전이를 발견하기 조금 전에 아버지는 위암 진단을 받았습니다. 조기에 발견하지 못했기 때문에 치료가 어려웠고, 겨우 일 년 투병하고 2014년 여름에 돌아가셨습니다.

아버지는 본인의 암을 알게 된 뒤에 이상한 말을 했습니다.

"네가 암에 걸린 게 아빠 탓이었구나."라고요. 아버지는 말했습니다. 내 어머니(제 할머니)도 췌장암으로 돌아가셨다, 어쩌다 보니 아빠보다 네가 먼저 발견했지만 암은 유전성일 것이다, 네가 젊은 나이에 암이 재발해서 머리를 싸매고 불행에 괴로워하는 것은 내 탓이다, 미안하다.

당연하지만 저는 곧바로 부정했습니다. 위암과 유방암은 엄연히 다른 병인 데다 앞선 검사에서 제 유방암은 유전성이 아니라고 판명이 났습니다. 암 재발의 원인 중 하나로 무언가 유전적 형질의 문제가 있긴 있었겠지요. 하지만 그 유전적 형질이 그 타이밍에 저에게 암 재발을 유발했다 해도 아버지와는 아무런 관계가 없습니다. 특정한 유전적 형질을 지닌 사람이 모두 암에 걸리지도 않고요. 굳이 표현하면 제 암의 재발은 불운한 우연입니다.

그럼에도 아버지는 실로 슬픈 표정을 지으며 이제야 알겠다는 듯한 얼굴로 "아빠 때문이었구나."라고 했습니다. 마치 드디어 딸이 병에 걸린 이유를 알게 되어 '납득'했다는 듯이요. 저는 거듭해서 그렇지 않다고 부정했지만 제 말은 아버지에게 전혀 들리지 않는 것 같았습니다. "우리 집안에는 암이 있는 게야. 미안하구나. 아빠는 괴롭다." 딸이 불행하게도 (불운이 아니라) 암에 걸린 것은 자기 탓이다. 그리고 자신이 암에 걸린 것도 집

안 내력이다. 아버지는 그런 식으로 자신의 병과 딸의 병이 악화되는 상황을 받아들이는 듯했습니다.

그 뒤로 아버지는 갈수록 쇠약해져서 암 환자라는 정체성 외에는 아무것도 없느냐고 묻고 싶을 만큼 환자답게 변해갔습니다. 저는 그런 아버지를 차마 눈 뜨고 보기 어려웠지만, 동시에 조금 화가 나기도 했습니다. 아버지 자신은 '집안 내력'이라는 원인으로 자신의 병을 받아들이고 납득했을 것입니다. 그래서 좀 편해지기도 했겠지요.

저에게 '그래서는 안 된다'고 아버지를 부정할 권리는 없습니다. 그렇지만 이따금씩 아버지가 저에게 보내는 미안함이 가득한 눈빛을 볼 때마다 아버지가 납득한 '집안 탓에 암에 걸린 가여운 딸'이라는 불행한 스토리에 나를 끌어들이지 말라고 거부하고 싶은 마음이 솟구쳤습니다.

이소노 씨는 저번 편지에서 "아무리 불행이 요술 때문이라고 한들 전혀 납득할 수 없지 않을까요?"라고 질문했습니다. 저 나름 그 질문에 답해보면, 요술이 해소하는 건 그저 '불운'일 뿐이며, 외려 요술 때문에 '불행'이 깊어지는 경우도 있을 것이라고 생각합니다.

요술이 아이가 세상을 떠난 이유를 설명해주긴 하겠지요. 아잔데족에게는 요술로 원인을 설명하는 형식이 설득력이 있을 테니 받아들일 수밖에 없을 것입니다. 그러나 이유를 안다고 슬픔이 해소되지는 않습니다. 요술은 마치 엄마의 슬픔조차 해설할 수 있다는 듯이 '아이를 잃은 가여운 엄마'라는 공유 가능한 스토리를 주위 사람들에게 환기시킬지도 모릅니다. 그 스토리 속에서 엄마는 불운에 화내지 못하고, 부조리를 호소하지도 못한 채 불운하고 가여운 존재라는 틀에 갇히지는 않을까요. 저는 그 점이 걱정됩니다.

우리가 꼭 순순히 불운을 받아들이고 '용납'해야 할까요? 저는 그럴 필요 없다고 생각합니다. 나도 몰라, 부조리하니까 화내면 되잖아. 받아들일 수 없다고 발버둥 쳐도 되잖아.

현대사회에는 합리적으로 보이는 설명이나 이해하기 쉬운 스토리가 눈앞에 있으면 그것을 받아들여야 한다는 사회적 통념이 뿌리 깊게 존재하는 것 같습니다. 무엇보다 그러는 게 합리적이고 편하니까요. 결과적으로 자신이 더욱 괴로워지더라도 말이지요. 이해할 수 없는 것과 대치하기란 힘들고, 계속 화내기도 어렵기 때문입니다. 그래서 우리는 '이해한다고 여겨지는 것'에 매달려서 그대로 떠밀려 흘러갑니다.

하지만 꼭 이해할 필요 따위는 없습니다.

이해할 수 없는 것 앞에서 자신을 되찾기 위해 우리는 질문해야 합니다. 이게 뭘까, 하고요. 이소노 씨는 자신이 몸담고 있는 학문이 말놀이에 불과할지도 모른다고 하셨지만, 말에 대항할 수 있는 것은 말밖에 없습니다. 안이한 스토리 속으로 휘말리지 않을 근거를, 이해할 수 없는 것에 화내고 질문할 힘을, 자신의 인생을 되찾을 강인함을, 철학이 저에게 주었습니다.

2019년 5월 20일
도쿄를 동경하는 동시에 겁내는 철학자 미야노 마키코 드림

추신 제 답장이 "몸에서 비롯된" 것인지는 좀 자신이 없습니다. 하지만 '납득할 수 없다'고 화내는 제 말은 어쨌든 제 몸에서 생겨난 것이 틀림없습니다.

전환이니
비약이니

모르핀 복용법을 통달한 철학자 ─────

미야노 마키코 님께

안녕하세요, 이소노입니다. 현재 오전 2시 18분입니다. 왜 이런 시간에 답장을 쓰는가. 고민이 많아서 잠이 오지 않기 때문은 아닙니다. 정답은 너무 이른 시간에 잠들었기 때문. 이르다 해도 저녁 6시부터 잤던 건 아닙니다. 이불 속에 들어간 건 밤 10시가 되기 조금 전이었습니다. 최근 들어 깨달은 사실인데, 저는 9시쯤에 잠들면 새벽 1시부터 2시 사이에 잠에서 깨곤 합니다. 신기하게도 자정 전후에 잠들면 아침까지 푹 자고요. 아침까지라 해도 많이 피곤한 날이 아니면 5시 정도에는 눈을 뜨기 때문에 '혹시 나는 쇼트 슬리퍼short sleeper*가 아닐까?' 하는

---

* 선천적으로 잠을 짧게 자는 사람. 네 시간 정도만 수면해도 일상에 지장이 없다고 한다.

것이 최근 한두 달 동안 저의 관심사입니다.

자, 오늘은 일단, 사죄부터 드려야겠습니다.

진심으로 죄송합니다.

저 때문에 미야노 씨가 지금껏 생각조차 하지 않았던 "나는 불행한가?" 하는 자문을 하게 되었다는 것이 정말 죄송합니다. 처음에는 왜 미야노 씨가 그런 자문을 했는지 이해하지 못해서 제가 보낸 편지를 다시 읽어보았습니다. 그랬더니 제가 편지의 중간쯤부터 불행과 불운을 혼용하기 시작하더니 카페 사진을 보여드린 다음에는 아예 불행으로 못 박은 것을 깨달았습니다. 그러고는 미야노 씨의 현재를 요술에 대입해 편지를 마무리했고, 그 결과 미야노 씨가 "나는 불행한가?"라고 자문하기에 이른 것입니다.

그간 미야노 씨와 대화하며 제가 미야노 씨를 불행하다고 여긴 적은 한 번도 없다고 '생각합니다만', 제 편지를 다시 읽으니 암만 봐도 미야노 씨가 그렇게 여기게끔 유도하고 있었습니다. 제가 한편으로는 그렇게 여겼다는 뜻이겠지요. 친구에게 그렇게 말하는 사람은, 대놓고 말하지는 않았지만, 어쨌든 그런 사람은 인간 말종이기에 저는 일주일 내내 '아, 나는 인간으로서 끝장났어.'라고 생각했습니다.

다만 끝장났다고 해봤자 아무 소용없기에 이번 편지를 쓰기에 앞서 일단 에번스프리처드는 불행과 불운을 어떻게 사용했는지 확인해보았습니다. 제 손에 있는 책은 영어 원서가 아니라 일본어 번역서이기 때문에 번역하다 바뀐 부분이 있을지도 모릅니다. 그래도 요술에 대한 글에서는 대부분 불운으로 통일되어 있었습니다. 군데군데 불행으로 쓰이기도 했는데, 바로 죽음과 관련될 때였습니다.

이를 바탕으로 돌이켜보았습니다. 만약 제가 요술의 사례로 '휴식하다 창고가 갑자기 무너져 다친 사람'을 계속 언급했다면 불행이라는 단어가 끼어들지는 않았겠지요. 하지만 그 편지를 쓸 당시 제 머릿속에는 열병으로 아이를 잃은 부모가 있었습니다. 그 결과 편지를 쓰는 도중 불운이 불행으로 바뀌었고, 저는 미야노 씨의 답장을 보기 전까지 그런 사실을 까마득히 모르고 있었습니다.

미야노 씨의 편지를 읽고 불행과 불운은 어떻게 다를까 저 나름 생각해보았습니다. 불운은 점, 불행은 선이라고 생각하면 차이가 뚜렷해질 것 같습니다. 휴식 중에 창고가 무너진 것은 불운이지만, 그 일을 자신의 인생에서 어느 자리에 둘지에 따라 의미는 크게 변합니다. 불행으로도, 웃긴 일화로도, 대수롭지 않은 일로도 둘 수 있지요. 그러니 불운이란 한 줄로 늘어선 여러 가능성 중 실제로 한 가지(점)가 일어난 것입니다.

한편 불행은 이미 일어난 일을 과거와 미래 사이 어딘가에 두고 의미를 부여한 결과입니다. 이렇게 냉정히 분석해보면 더더욱 제 죄가 얼마나 무거운지 확실해져서 몸 둘 바를 모르겠습니다. 그럼에도 요술에 대한 제 강의 내용이 '미야노를 알기 전'보다 '미야노를 알게 된 후'에 훨씬 좋아질 것 같기에 지적해주셔서 감사하다고도 생각합니다. 고마워요.

자, 오늘 편지는 지금까지와 조금 다른 형식으로 써보려 합니다.

미야노 씨와 편지를 주고받으며 제가 느낀 어려움과 관련이 있습니다. 무슨 어려움인가 하면, 편지를 쓰며 화제를 전환하기가 무척 힘들다는 것입니다. 애당초 화제란 어떻게 전환되는 것인가 하는 의문도 떠올랐습니다. 우리의 편지는 제가 마지막에 질문을 던지면 미야노 씨가 답하는 식으로 진행되었는데, 전과 전혀 다른 방향으로 질문을 던져보려 해도 늘 생각만큼 방향이 전환되지 않았습니다. 전환은커녕 일직선이 되었지요. 미야노 씨와 메신저로 대화할 때는 이런 어려움이 없습니다. 왜 그럴까 곰곰이 생각해보았는데, 일관성을 지키려 하는 태도와 관련 있다는 결론을 내렸습니다.

이런 관점에서 지난 2주 동안 우리가 메신저에서는 어떻게 대화했는지 다시 읽어보았습니다. 그 결과 화제가 전환되려면 '빈틈'이 있어야 할 뿐 아니라, 다른 장소에 있더라도 함께 보내는 시간과 불현듯 떠오른 생각을 따라가는 즉흥성이 필요하다는 결론에 다다랐습니다. 예컨대 다음 대화를 볼까요.

이소노　버스 안에서 요술에 대해 복습하고 있어요.
미야노　나가노에 가는 중?
이소노　응, 차 막혀요.
미야노　좋겠다, 나도 가고 싶어.

화제는 나가노의 관광지, 구키 슈조의 에세이, 메밀국수를 거쳐 미야노 씨가 최근 그릇에 돈을 쏟아붓는다는 것으로 이어졌습니다. 식기 선반을 바라보던 미야노 씨는 집에 절구가 두 개 있다고 했고, 저는 저희 집에 공이는 있으나 절구가 없다며 조만간 니토리*에서 사야겠다고 했습니다. 그러자 남에게 추천하길 좋아하는 미야노 씨는 니토리의 스튜 냄비를 권했고, 그러다 보니 미야노 씨가 일단 시작하면 끝없이 반찬을 만드는 사람임이 밝혀졌지요.

* 　일본의 인테리어 및 가구 기업. 다양한 상품과 저렴한 가격을 무기로 전국에 500여 개 점포를 운영하고 있다.

그 뒤에 제가 느닷없이 모르핀 복용법을 물어보았고, 고통에 대해 이야기하다 잠깐 무라카미 하루키로 샜는데, 이번에는 갑자기 미야노 씨가 다리에 쥐가 났을 때의 대처법을 말하기 시작했습니다. 우리의 메신저 대화는 대충 이렇게 흘러가더군요. 이 메신저 대화에서 오간 글자 수를 헤아려보면 지금껏 제가 편지에서 쓴 것보다 적습니다. 그렇게 적은 글자로 이만큼이나 화제가 전환되었지요.

학술적인 글을 쓸 때 남발해서는 안 된다고 하는 '그러고 보니'와 '어쨌든'이 우리의 메신저 대화에는 가득했습니다. 서로 다른 장소에서 각자의 인생을 살아가면서도 상대의 말을 받아 자기 안으로 끌어들인 다음 다시 상대에게 말을 던졌습니다. 상대의 말을 받아내는 동시에 내 몸에 흐르는 생각과 지금 하는 행동에서 떠오른 말을 상대에게 던졌습니다. 우리 사이에 있는 일종의 빈틈이 리드미컬하게 화제를 전환해준 셈입니다.

그런데 편지를 쓸 때는 빈틈이라곤 없는 곳에서 화제 전환을 시도하는 동시에 일관성도 유지하려 했습니다. 그러니 화제는 바뀌지 않고 왠지 불편하기만 했지요. 아마도 저는 이런 이유로 편지를 쓸 때 화제 전환에 어려움을 겪은 듯합니다. 그래서 지금부터 의식적으로 '빈틈'을 만들어보겠습니다.

어때요? 감동 받았나요?

어디 보자, 미야노 씨는 요술에 대해 다음과 같은 문장을 썼습니다.

엄마는 불운에 화내지 못하고, 부조리를 호소하지도 못한 채 불운하고 가여운 존재라는 틀에 갇히지는 않을까요. 저는 그 점이 걱정됩니다.

제가 저번 편지에서는 다루지 않았는데, 죽음을 유발한 요술에는 복수가 허용됩니다. 에번스프리처드에 따르면 아잔데족 사회에서 죽음은 반드시 요술이 한 짓이라고 해석되며, 신탁으로 요술사를 색출하고 복수를 위해 주술을 건다고 합니다. 에번스프리처드는 요술의 배경에 분노라는 감정이 있다고 적었습니다. 열병으로 아이를 잃은 사람이 엄마인지 아빠인지는 모르겠지만, 에번스프리처드의 글에 따르면 아이를 잃은 부모가 '불운하고 가여운 존재'라는 틀에 갇히지는 않을 것입니다.

오히려 아이를 잃었다는 부조리에 분노하여 신탁으로 요술사를 찾아내는 것은 사회적으로도 용인된 행위입니다. 미야노 씨가 저번 편지에서 "나도 몰라, 부조리하니까 화내면 되잖아.

받아들일 수 없다고 발버둥 쳐도 되잖아."라고 한 것과 죽음이 동반된 불운을 경험한 아잔데족이 요술사를 찾기 위해 신탁을 행하는 것은 서로 연결되는 지점이 있지 않을까요.

'어쨌든' 지금 깨달았는데, 미야노 씨가 화내는 순간들에는 공통점이 있는 것 같습니다. 지난 편지들에는 '미야노 분노'라는 지문을 쓸 만한 대목들이 있었습니다. "선생님의 가족이 같은 상태라면, 어떻게 하시겠어요?"라고 물은 어머님, "(암이 나으면) 아내와 함께 세계 일주, 아니 국내 일주라도 상관없으니 여행을 하고 싶습니다."라고 말한 암 당사자 남성, 암을 받아들여 환자답게 변한 아버님. 이들을 향해서 미야노 씨는 분노했습니다.

저는 미야노 씨가 화내는 대목에서 타인을 자신의 스토리로 끌어들이거나 타인의 스토리로 자신이 휩쓸리는 것에 대한 강한 저항감을 읽어냈습니다. (자연과학에 기초한 스토리는 예외고요.) 특히 암 당사자 남성과 아버님의 경우 미야노 씨의 표현을 빌리면, 이해할 수도 없는 불합리에 의미를 부여하고 그에 따라 인생의 방향을 정하고 순종해버렸는데, 그런 것을 미야노 씨가 굉장히 거북해하는 듯이 보였습니다. 아닌가요?

○ ○ ○

이소노 씨는 자신이 몸담고 있는 학문이 말놀이에 불과할지도 모른다고 하셨지만, 말에 대항할 수 있는 것은 말밖에 없습니다. 안이한 스토리 속으로 휘말리지 않을 근거를, 이해할 수 없는 것에 화내고 질문할 힘을, 자신의 인생을 되찾을 강인함을, 철학이 저에게 주었습니다.

저 역시 말에 대항하는 것은 말이라고 생각합니다. 다만 저는 인문·사회학자들이 말로 표현하기 쉬운 부분만 현상에서 골라내어 그것이 마치 그 현상의 본질인 양 당당하게 논할 때 말놀이 같다고 느낍니다.

과학적 사실임에도 권력 집단의 지지를 받고서야 비로소 그 존재를 인정받는 경우가 종종 있습니다. 아니면 과학적 사실이 관찰 수단을 바꾸니 전혀 다르게 보이는 경우도 곧잘 있지요. 특정한 기술이 없었다면 존재조차 확인하지 못했을 현상들도 많을 것입니다. 이런 사례들을 고려해서 이의를 제기하는 경우도 있습니다. 어떤 현상이 존재하려면 관찰 수단이나 또 다른 현상이 함께 있어야 한다, 다시 말해 어떠한 현상도 독립된 객관적 존재일 수는 없다, 하고요.

물론 그런 사고방식에 동의하는 부분도 있습니다. 하지만 당장 죽을 듯한 환자가 이송되어 심전도를 확인해보니 명백한 심근경색이라 서둘러 도관 삽입을 해야 살릴 수 있는 경우에도 그런 사고방식을 적용할 수 있을까요? 그런 사례에도 심근경색은 객관적 존재가 아니라고 말할 수 있을까요? 저는 이런 의문이 듭니다.

저의 의문은 애초에 운동생리학을 전공한 데다 이런저런 스포츠를 경험한, 저의 몸에서 유래했는지도 모르겠습니다.

오늘 나가노는 맑음. 이번 편지는 질문으로 마무리하지 않고 이대로 보냅니다.

2019년 5월 25일

시행착오를 겪는 인류학자 이소노 마호 드림

시행착오를 겪는 인류학자 ────

이
소
노

마
호

님
께

이소노 씨는 주말 동안 본가에 돌아가셨군요. 저는 오랜만에 주말을 후쿠오카에서 보냈습니다. 원래는 교토에 돌아가서 오랜 지인이 출연하는 즉흥극을 보려고 했지만, 컨디션이 나빠져 그러지 못했답니다.

메신저로 이미 말씀드렸지만, 최근 들어 기침과 헐떡임이 심해졌습니다. 증상을 완화시키기 위해 이런저런 약(모르핀 포함)을 쓰고 있고요. 그런데 '이런저런 약'이 제 몸속 환경과 잘 맞지 않는지, 설사를 하거나 고통에 정신을 잃으며 칠전팔도 七顚八倒*하는 주말을 보냈습니다.

---

*   일곱 번 구르고 여덟 번 거꾸러진다는 뜻. 매우 심하게 고생하는 것을 이르는 말.

겨우겨우 몸 상태는 평소대로 돌아왔습니다. ('돌아왔다'는 표현이 좀 이상한데 '나았다'는 뜻은 아닙니다. 통증을 잘 억제하는 동시에 강한 부작용을 일으키지 않도록 약의 균형을 겨우 찾아냈을 뿐입니다.) 어쨌든 겉보기에는 평온해진 상태입니다. 새삼 제 몸을 느껴보니 이번에는 뼈에서 통증이 느껴지더군요. 드디어 뼈에까지 전이된 것인가 싶어서 좀 침울해져 있답니다.

우선 이소노 씨의 사죄부터 이야기할까요.

'어쨌든' 신경 쓰지 마세요. 이소노 씨가 저를 '불행한 사람'으로 여긴다고는 전혀 생각하지 않습니다. 저 스스로 일반적인 관점으로는 '아, 나를 불행하게 볼 수도 있겠구나.' 이해하고 분석했을 뿐입니다. 오히려 제가 불행한지 자문해보는 게 재미있었어요.

이소노 씨가 무심결에 한 불행과 불운의 혼동을 제가 굳이 물고 늘어진 이유는 분명히 '재미있었기' 때문입니다. 그리고 저 자신의 일부가 '불행'이라는 단어에 이끌렸기 때문이기도 하지요. 앞서 불운하지만 불행하지 않다고 잔뜩 폼 잡았는데, 역시 저는 마음속 한편에서 제 인생을 저주하고 있었던 것이 분명합니다.

이소노 씨는 불운과 불행을 다음처럼 설명해주었습니다.

불운이란 한 줄로 늘어선 여러 가능성 중 실제로 한 가지(점)가 일어난 것입니다.

한편 불행은 이미 일어난 일을 과거와 미래 사이 어딘가에 두고 의미를 부여한 결과입니다.

그렇기에 불운은 점, 불행은 선이라 할 수 있다고요. 저도 이소노 씨 생각에 동의합니다. 불운은 하나의 사건으로 점입니다. 불행은 자신의 과거와 미래를 고려하며 인생을 일구려 할 때 발생하는 일종의 의미 패턴이라고 할 수 있겠지요. 인생을 일구면서 과거의 시간을 총괄하여 미래를 예측하는 것은 당연한 일이며, 그럴 때 시간은 선과 같은 양상을 보입니다.

불운을 마주하여 아무리 부조리하다고 분노해도 우리는 결국 어떻게든 그 부조리와 타협할 수밖에 없습니다. 그러니 불운은 어떤 형태로든 인생이라는 한 줄기 선에 녹아들어야 합니다. 설령 불운이 녹아든 자리가 일그러졌다 해도요.

인생이라는 선을 끊어내지 않는 이상, 우리는 소화시킬 수 없는 부조리를 계속 삼키며 살아갈 수밖에 없습니다. 그렇게 부조리를 삼킬 때, '불행'은 너무나 손쉽게 우리의 시간 속으로 숨어듭니다.

실제로 불운하지만 불행하지는 않다고 폼 잡았던 저 역시 암 재발을 처음 알았을 때는 '왜 하필 나야? 다른 사람도 있잖아.' 라고 타인을 시샘하거나 '더 이상 해외에 오래 머무를 수 없다니 최악이야.'라고 스스로를 연민했습니다. '내 기분을 당신이 알 것 같아?'라며 비극의 주인공처럼 울었던 적도 있고요.

불운은 점, 불행은 선. 소화시킬 수 없는 점인 불운과 마주하는 것, 그리고 불행한 스토리의 선으로 휘감기는 것. 이 두 가지는 분명히 서로 다르지만, 과연 두 가지를 분명히 잘라 나눌 수 있냐고 저에게 물으면 그렇게 깔끔하게 나누지는 못한다고 답할 수밖에 없습니다.

실은 저번에 너무 폼 잡은 것 같다고 반성하고 있습니다. 멋있기만 한 암 환자라니, 그런 게 있을 리가 없지요. (제가 모르는 곳에 있을지도 모르지만요.) 불행에 분노하고 우연한 지금에 몸을 내던지면서, 자신의 인생을 받아들이고 삶을 만들어가는 것. 그처럼 아름답게 정돈된 삶을 이야기하느라 무언가 보지 못한 건 아닐까요? 무언가 얼버무리지는 않았을까요? 이소노 씨의 앞선 편지는 병에 대한 이야기의 이면을 생각해보게 해주었습니다.

당연하지만, 불운에 분노하고 학문의 언어로 불행과 맞서려 하는 철학자 미야노의 이면에는 훌쩍거리면서 불만을 늘어놓는 울보 미야노가 있습니다. 그런데 제 편지에서는 울보 미야노가 드러나지 않지요. 편지에서 울보 미야노가 자취를 감추는 것은 보기 좋은 부분(표현하기 쉬운 부분)만 골라내는 말놀이와 거의 다르지 않습니다.

말놀이와 비슷하다는 것은 어쩌면 글이 타고나는 숙명 아닐까요. 글로 쓰인 말은 우리의 편지처럼 수신인이 분명하다 해도 어쩔 수 없이 독백이 되어버립니다. 가령 여러 인물이 등장하는 이야기라 해도 글로 표현하다 보면 큰 줄기를 따라가며 '일관성'을 지키려 하지요.

왜 그럴까요? 글은 쓰이자마자 읽는 이의 손으로 건너가지는 않기 때문입니다. 읽히기 전에 시간이 있지요. 그래서 글쓴이는 어떻게 읽힐지 불안한 마음에 상대가 제대로 이해하게끔 꼭 필요하지 않은 군더더기를 덜어내고 일관성이 있도록 글을 정돈합니다. 문학은 어쩌면 군더더기를 적당히 남겨두면서도 일관성을 잃지 않기에 예술이라고 하는지 모르겠습니다.

그런 점에서 입말은 글말과 다르지요. 이소노 씨가 인용한 우리의 메신저 대화가 전형적인 사례일 텐데, 입말에는 군더더기가 넘쳐납니다. 얼핏 보면 군더더기밖에 없는 것 같지요. 대화의 가지가 이리저리 뻗어서 정신 차리고 보면 처음과 동떨어진 이야기를 하기도 합니다. 하지만 저는 그처럼 얼렁뚱땅한 존재입니다.

살아가면서 전환점을 손에 쥐거나, 어딘가로 비약하거나, 무언가와 마주치는 것 역시 얼렁뚱땅하는 와중에 느릿느릿 혹은 엉거주춤 이뤄지는지도 모른다고 요즘은 생각합니다.

대화하면서 얼렁뚱땅 느릿느릿 변하는 저를 이야기하기에 앞서 그와 대비되는 대화를 잠깐 살펴보겠습니다.

아시다시피 저는 햇수로 9년째 암을 앓고 있는데, 병에 대해 이야기하는 것은 지금도 너무나 어렵습니다. 물론 병에 관한 정보를 부족함 없이 논리적으로 전할 수는 있습니다. 정보의 정리, 설명, 확인 등을 맥락 있게 일관적으로요. 그리고 정보에 불필요한 것을 덧붙이지는 않습니다. 혼란만 일으키니까요.

또한 상대방도 정보를 흘리지 않기 위해 집중해서 듣기에 쓸데없는 질문은 거의 하지 않습니다. 환자를 위해 배려하는 경우도 있겠지요. '아무것도 모르는 건강한 내가 괜히 입을 놀려서는 안 돼.' 하고요.

정돈되어서 놀이라고는 끼어들 틈이 없는 말들. 분명히 대화인데, 점점 글말과 가까워지는 것이 바로 병에 대한 대화입니다. 병에 대한 대화는 일관적이며 여분이 배제되기에 움직일 빈틈이 거의 없습니다. 즉 화제가 전환되지 않습니다. 결과적으로 그런 대화에서 저는 100퍼센트 환자로서 이야기하게 되고 듣는 이도 비환자라는 역할에 고정됩니다. 그런 대화는 같은 평면에서 서로 말을 주고받는 캐치볼이라기보다 정해진 역할(심지어 '환자와 그 외'로 나뉘어 역할 배분이 압도적으로 불균형합니다)을 수행하며 공을 꽉 쥔 채 실수 없이 상대에게 건네줄 뿐인 행위입니다.

병에 대해 대화할 때 신중한 자세는 꽤나 사람을 피폐하게 만듭니다. 그렇지 않아도 저는 100퍼센트 환자는 되고 싶지 않은 인간입니다. 남이 만든 스토리에 휘말리기도 싫고요. 그 결과 어떻게 되었을까요.

병에 대해 이야기할 필요가 없을 때—즉 일상적인 대화—는 병에 걸렸다는 사실 자체를 배제하고 있습니다. 학생의 연애 상담을 할 때, 파트너와 야구를 볼 때, 친구와 약속을 잡을 때, 이소노 씨와 나가노에 대해 이야기할 때, 저의 환자 지수는 0퍼센트였습니다.

예전에는 병과 일상이 잘 구분되었습니다. 아직 증상이 진행되기 전이라 웬만큼 무리할 수 있었지요. 그래서 저는 100퍼센트 환자가 되지 않아도 괜찮았습니다. 하지만 병세가 악화되면서 병과 일상이 충돌할 때가 점점 늘어났습니다. 정확하게 말하면 병이 저의 일상으로 야금야금 들어오기 시작한 것입니다. 친구와 즐겁게 식사 약속을 잡을 때도 고민하곤 합니다. 술을 마시지 못하는 것, 구역질이 날 수 있는 것, 이따금씩 통증에 시달리는 것 등을 미리 알려야 할까 하고요.

파트너와 대화할 때도 마찬가지입니다. 이번 여름에는 어디로 여행을 갈까, 오키나와로 갈까, 아니면 산으로 피서를 갈까. 연례행사를 두고 즐거운 망상을 부풀리다가도 현실적인 문제가 끼어듭니다. 긴급 상황에 대응할 수 있는 병원이 있을까, 치료 일정을 조정해야 하지 않을까. 그러면 대화는 100퍼센트 환자와 환자 가족이 나누는 대화로 변해버립니다. 좀처럼 앞으로 나아가지 못합니다.

일상이 병으로 뒤덮일 것 같으면 저는 당황합니다. 어떻게든 대화를 다시 일상으로 돌리려고 하지만, 이미 환자라는 역할이 고정되어서 이야기를 돌릴 여유가 없습니다. 화제는 전환되지 않고, 결국 저와 파트너는 "그래서 어떡하지…." 하고는 입을 다뭅니다. 살벌한 침묵이 흐르고 옴짝달싹하지 못하게 되지요. 그곳에 병 앞에서 우연을 받아들이며 지금에 몸을 내던지는 사람은 없습니다. 잔뜩 경직된 인간이 있을 뿐이지요.

저는 어떻게 병을 이야기하고 받아들여야 할까요? 일상을 영위하기 위한 대화를 어떻게 이어가면 될까요? 힌트는 이소노 씨와 나누었던 메신저 대화에 있습니다.

전부터 어렴풋이 느꼈는데, 이소노 씨는 저에게서 병에 대한 이야기를 이끌어내는 데 매우 능숙합니다. 전혀 기분 나쁘지도 않고 이소노 씨에게 이야기하면 마음이 무척 편해진답니다. 유심히 들여다보면 이소노 씨가 저에게 "어디가 아파?"라고 질문하고 제가 답하는 와중에 우리는 아무런 상관 없는 다른 이야기도 나눕니다. 이소노 마호磯野 真穂와 미야노 마키코宮野 真生子는 성과 이름이 한 글자씩 같다든가 5대 정도 거슬러 올라가면 선조가 친척이었을지 모른다든가 하는 이야기요.

전혀 정리되지 않은 대화이지요. 그런데 그 대화에 일관성이 없느냐면 그렇지 않습니다. 전체적으로 대화를 바라보면 왠지 보기 좋게 잘 정리되어 있습니다. 대화하는 동안 우리는 상대가 무엇을 하는지 상상하는 동시에 지금 내 눈앞에 있는 것에 정신이 팔리기도 합니다. 문득 번뜩인 생각이 연상을 일으키고, 이런저런 요소가 뒤섞이면서 이야기가 꼬리에 꼬리를 물지요. 그럼으로써 경쾌하게 화제가 전환되고, 대화는 끊김 없이 계속됩니다. 우리의 대화에서 여분은 쓸데없는 군더더기가 아니라 대화가 넓어질 여지를 만들어냅니다. 이처럼 놀이와 비슷한 구석이 저와 이소노 씨 사이에 있기에 비로소 우리는 자유롭게 말을 엮을 수 있고, 저는 환자라는 역할에서 벗어나 이야기할 수 있는 것 아닐까요.

우리의 대화는 그다지 볼품이 없고 툭하면 처음과 전혀 다른 방향으로 새지만, 저는 그 대화에 왠지 안심하고 재미있었다며 만족합니다. 대화하고 나면 조금이나마 서로에 대해 잘 알게 된 것만 같습니다.

서로 잘 알게 된 것이 우리가 나눈 대화의 내용 덕은 아닌 듯합니다. (물론 대화에 담긴 정보도 중요하지만요.) 그보다는 대화하는 와중에 이뤄진 배려의 방식, 화제의 선택, 말투의 특징 같은 대화의 자세를 통해서 알게 된 것이 많지 않을까요. 대화의 내용도 중요하지만 긴장을 풀고 수다를 떠는 시간 자체도 필요하다고 생각합니다. 그럼으로써 우리는 상대를 더 알게 되고 관계는 깊어집니다. 그런 관계 속에서 저는 글로 벼려낸 멋있는 철학자가 아닙니다.

"어디가 아파?"라는 이소노 씨의 질문에 답한 다음 저는 "여행 가고 싶어."라며 푸념을 늘어놓았습니다. 이소노 씨는 "바다에 가면 안 된다고 할 법하지."라며 저를 달래주었는데, 그러다 "그래도 도쿄에는 올 거지?" 하고 일 얘기를 꺼냈습니다. 그렇게 저는 환자 지수 100퍼센트와 0퍼센트 사이에서 '어중간한 환자'로서 제 포지션을 모색했습니다.

이소노 씨와 대화하며 어느새 저는 "뭐, 상태가 좋지 않긴 해도 도와달라고 하면 되지." 하는 과하지 않은 느낌(얼렁뚱땅한?)의 환자가 되어 있었습니다. 대화를 시작했을 때(병 탓에 여행도 못 가고 부조리하다며 분노하던 저)와 비교해 환자로서 제 포지션이 달라진 것입니다. 병을 잘 받아들였다고도 할 수 있겠지요.

어느 특정한 시점에 달라진 것이냐, 대화 중에 커다란 전환점이 있었느냐, 아니면 좀더 잘하려고 한 단계 뛰어넘은 것이냐, 하고 물어본다면 그런 대단한 일은 없었습니다. 느긋하게 수다를 떨다 보니 자연스레 '어중간한 환자'로 자리를 잡았지요. 사소한 화제 전환과 변화가 거듭되는 과정에서 미처 알아채지 못한 사이에 무언가를 받아들이고 완전히 달라진 것입니다.

'저'라는 존재는 애초에 그런 사람이지 않았을까요. 저는 지금껏 이소노 씨와 주고받은 편지에서 우연을 붙잡으며, 지금에 몸을 맡기고, 의연하게 결단하려 한다고 말해왔습니다. 어떤 의미로는 착실한 미야노 마키코가 극적인 변화에 뛰어드는 이미지를 그렸던 것 같습니다. 하지만 변화란 그렇게 극적으로 벌어지지 않고, 훨씬 뭉근하게 나도 모르는 사이에 일어나는지도 모릅니다. 저라는 사람 역시 매사에 분명하지 않고 상대방과 관계 속에서 시시때때로 변하며 그때마다 뒤늦게 깨닫는, 훨씬 애매한 존재가 아닐까요.

본래 일상생활이란 다양한 상태가 얼룩덜룩하게 섞인 것과 비슷합니다. 우리가 그 얼룩무늬의 이쪽저쪽을 왔다 갔다 하는 사이에 일상은 느릿느릿 나아가지요. 그런데 병에 걸린 사람의 일상은 무슨 수를 써도 '환자'라는 상태가 얼룩무늬를 정리해버립니다. 그 결과 역할과 역할이 서로 충돌한 끝에 그저 침묵하게 되어버리죠. 저와 파트너가 할 말을 잃고 옴짝달싹하지 못했듯이요.

멋있게 살아갈 수 없는 (굳이 멋있게 살아야 할 필요는 없지만) 암 환자의 일상에 중요한 것은 바로 '느릿느릿'이며, 뭉근한 변화라고 생각합니다. 저는 불운과 불행을 분명히 나누지 못하고 암과 일상생활이 얼룩덜룩하게 뒤섞인 하루하루를 보내고 있습니다. 하지만 그렇게 하루하루를 살며 '어중간한 환자'로서 저의 자리를 찾는 것, 그렇게 점점 변하는 것이 바로 전환 또는 비약이 아닐까요.

저는 이런 생각들을 하면서 모르핀을 섭취하는 생활에 조금씩 익숙해지고 있습니다.

2019년 5월 30일

'어지간히' 하는 게 서투른 철학자 미야노 마키코 드림

이소노 씨가 나가노에서 보내준 생메밀국수입니다.
일단 시작하면 끝없이 반찬을 만드는 사람이란
모든 요리에 수고를 들이는 사람이기도 합니다.
이런 일을 할 때 어깨에 힘을 주는 게
저의 단점인지도 모르겠네요.

"몸조리 잘하세요."가
쓸모없어질 때

도쿄로 날아온 철학자

미야노 마키코 님께

미야노 씨, 안녕하세요. 한 달 보름 만에 만난 미야노 씨는 변함없이 시원시원했고, 생각보다 건강한 듯해 안심했습니다. 다만 지금 말한 '건강'은 통상적인 의미와 좀 다릅니다. 실은 어딘가 아프지 않을까, 기침도 하던데, 하며 제가 신경 썼던 것도 사실입니다.

자, 이번 주제는 제가 최근 미야노 씨와 이야기하며 생각했던 것에 기초합니다.

대화 분석conversation analysis의 초석을 닦은 미국 사회학자 하비 색스Harvey Sacks의 연구진은 사람들의 대화에 당사자들이 암묵적으로 공유하는 규칙이 있음을 밝혀냈습니다. "안녕."은 "안녕."이라고 받는다, 질문을 받으면 답을 한다, 불만을 들으면 사죄하거나 변명한다. 우리는 모르는 사이에 이런 규칙에 따라서 대화를 합니다.

그런데 왜 "안녕."에는 "안녕."이라고 답해야 할까요? 이 의문에 많은 이들이 "인사를 받지 않으면 실례니까" 또는 "모두 함께 살아가는 사이니까" 하고 도덕적인 답을 내놓을 것 같습니다. 여기서 "왜 인사를 받지 않으면 실례일까?" 하고 도덕에서 한 발 나아간 질문을 던지면 "상대를 불쾌하게 만드니까" 하고 답이 감정적인 영역에 이릅니다. 거기서 더 나아가 왜 불쾌해지는지 물어보면 처음으로 돌아가 "실례니까"라고 답하지요. 그러니 대화란 '그건 원래 그런 거야.'라고 표현할 수밖에 없는 규칙 위에 성립되는 것입니다.

대화의 이런 특성을 염두에 두고 미야노 씨와 나눈 대화를 생각해보려 합니다. 우선 지금까지 경위를 되짚어보겠습니다. 저와 미야노 씨가 병에 대해 이야기하게 된 계기는 두 가지입니다. 미야노 씨가 저에게 정부의 연구기금을 함께 신청할 멤버로 들어오길 권유했던 것, 그리고 제가 미야노 씨에게 '몸의 슐레'에서 강연을 해달라고 요청했던 것이지요. 일로 얽혀 있었기에 의사에게서 갑자기 병이 악화될지도 모른다고 들은 미야노 씨는 그 사실을 저에게 밝힐 수밖에 없었습니다. 지난 4월에는 후쿠오카의 행사에 함께 참여했고 편지를 주고받는 것으로 이어져 지금까지 우리는 정말 많은 말을 주고받았습니다.

그러는 동안 미야노 씨의 몸 상태는 점점 나빠졌고, 암이 뇌에 전이된 것을 발견하자마자 뼈에 전이된 것도 알게 되었습니다. 최근에는 숨까지 가빠졌고, 모르핀 등 약을 먹어야 하는 상황이 되었지요. (이렇게 쓰고 보니 뭔가 굉장하네요.)

이런 상황에서 저는 흔히들 아픈 사람에게 건네는 '인사말'이 저와 미야노 씨 사이에서 쓰이지 않는다는 사실을 깨달았습니다. 대표적으로 다음과 같은 말들이지요.

빨리 낫길 바라요.

몸조리 잘하세요.

무리하지 말고 쉬어.

괜찮아?

저는 졸저 『왜 평범하게 먹을 수 없는가』*에서 "음식도 타인도 본질적으로는 무섭다. 그들이 너무 무서워지지 않도록 우리는 명문화되지 않은 규칙들로 그 무서움을 둘둘 감싼다."라고 적은 바 있습니다.

---

* 『なぜふつうに食べられないのか』春秋社 2015.

저는 미야노 씨를 통해 아픈 사람과 나누는 대화에도 무서움을 막아주는 여러 규칙이 있다는 것을 깨달았습니다. 그 규칙들이 그간 저를 지켜주었으며, 더 이상 규칙도 소용없는 상황이 닥쳤을 때 제가 두려움을 느낀다는 것도 알게 되었지요. 물론 미야노 씨가 무섭다는 말은 아니고요.

예컨대 '나는 내년까지 살 수 있을까?'라는 의문을 품을 수밖에 없는 미야노 씨에게 "빨리 낫길 바라요."라고는 절대로 말할 수 없습니다. 세상에 그보다 심하게 비아냥거릴 수는 없을 것 같습니다. '몸조리를 잘하려고' 하거나 '무리하지 않고 쉬려고' 하면 미야노 씨는 어디에도 가지 못할 것입니다. 고통에 시달리고 숨 쉬기도 어려워 모르핀을 복용하는 사람에게 "괜찮아?"라고 물어본들 아무 의미도 없을 테고요.

"괜찮아?"는 앞서 언급한 인사말 중 유일하게 쓸 만하지만, 현재 미야노 씨의 상태는 '괜찮다'고 할 수 있는 범위에서 벗어났을 것입니다. 그래서 괜찮냐고 물은들 무슨 소용인가 싶습니다. 괜찮냐고 물은 다음에는 대체로 몸조리 잘하라는 인사말이 이어지니까요.

이 말들을 더 이상 쓸 수 없다는 걸 깨달았을 때, 저는 할 말을 잃었습니다. 왜 그랬을까요? 제 말에 미야노 씨가 상처 입지 않을까 무서웠기 때문입니다. 그리고 훨씬 이기적인 이유로 미야노 씨를 상처 입혔다는 사실에 제가 다치는 것이 무서웠기 때문입니다. 저는 어차피 저 자신이 소중한 저속한 인간이기에 제가 다치는 게 더 무서웠는지도 모르겠습니다. 그래서 미야노 씨가 "나는 요즘 상황이 자꾸 바뀌니까 뭔가 재미있어."라며 웃었을 때, 제가 과연 함께 웃어도 될지 알 수 없었습니다.

저는 이런 두려움이 아픈 사람과 아프지 않은 사람의 대화를 경직시키는 원인이라고 생각합니다. 앞선 편지에서 미야노 씨가 적었듯이 아프지 않은 사람은 '아무것도 모르는 건강한 내가 괜히 입을 놀려서는 안 돼.'라며 선을 긋고 아픈 사람을 배려하는데, 동시에 자칫 그 선을 넘었다 상대방이 나를 거부하면 어쩌지 무서워하기도 합니다.

한편 아픈 사람은 내 말이 괜히 상대방에게 부담을 줄까 배려하는데, 그와 함께 상대방이 나를 부담스러워한다는 사실을 알고 내가 깊은 상처를 받을 게 무서워 입을 다뭅니다. 결과적으로 아픈 사람과 아프지 않은 사람의 대화는 '정돈되고 놀이라고는 없는 것'이 됩니다. 말은 경직되고, 아무 문제도 없는 척을 하는 흉내 내기가 시작되지요.

병원에서 죽음이 어떻게 취급되는지 연구했던 사회학자 바니 글레이저Barney G. Glaser와 안셀름 스트라우스Anselm L. Strauss는 이런 흉내 내기 같은 현상을 '상호허위'라고 불렀습니다. 미야노 씨가 병에 대해 이야기하길 어려워하는 이유는 상호허위와 관련 있을 수도 있겠습니다.

대화의 암묵적인 규칙에 입으로 하는 말만 포함되는 것은 아닙니다. 몸이 아픈 듯하면 다가와 말을 걸거나 뭔가 해줄 수 없는지 찾는 등 행동도 대화에 포함된다고 저는 생각합니다. 규칙이라고 하면 좀 차가운 느낌이지만, 지금 이야기하는 규칙이란 서로 돕고 살아가기 위해 인간이 고안해낸 따뜻한 지혜 같은 것을 가리킵니다.

이렇게 생각하면 미야노 씨의 주위 사람들이 닥치는 대로 대체요법과 치료법 등을 알려준 것도 이해가 됩니다. 우리는 몸이 아픈 사람에게 아프지 않은 사람이 뭔가 해줘야 한다는 지혜를 공유하고 있습니다. 암 환자에게 표준치료가 효과 있을 때는 "의사에게 가봐."라는 말만으로 충분하지만, 표준치료로 부족한 상황이 되면 주위 사람들은 늘 하던 말을 할 수 없게 됩니다. 그렇다고 아무것도 하지 않을 수는 없지요. 그 결과 선택지는 닥치는 대로 도움이 될 법한 정보를 제공하든가 아예 손대지 않든가 하는 두 가지만 남습니다. 정보를 제공받는 아픈 사람은 적당히 흘려듣거나 일단 해보거나, 아니면 그런 정보에 질려 병에 대해서 입을 다물게 되지요. 미야노 씨가 그랬듯이.

저는 이번에 미야노 씨가 도쿄에 왔을 때 세 차례 정도 짐꾼을 하겠다고 제안했는데, 왜 그렇게 쓸데없는 제안을 몇 차례씩 했느냐면 달리 제가 할 수 있는 일이 떠오르지 않았기 때문입니다. 하지만 실제로는 한 번도 짐을 들어주지 않았지요. '더 귀찮을지도 몰라.'라든가 '컨디션이 괜찮을지도 몰라.'라고 혼자 생각하며 계속 주저했기 때문입니다. 차라리 아무것도 하지 않았으면 나았을 텐데, 괜히 미야노 씨 뒤에서 걸으며 비틀거리지 않는지 확인했습니다. 심지어 마지막 날에는 함께 점심을 먹은 뒤 미야노 씨가 계산하는 사이에 몰래 가방을 들어보고는 '생각보다 무겁잖아. 차라리 얼른 내가 들고 다닐걸.' 하고 후회하기도 했습니다.

사실 가방 하나로 미야노 씨의 상황이 좋아지거나 나빠질 리는 없습니다. 그럼에도 저는 4월에 후쿠오카에서 봤을 때보다 명백하게 병세가 나빠진 미야노 씨를 마주하고는 어떻게 대하면 좋을지 혼자 우스꽝스럽게 고민했습니다.

이런 사정을 이야기하면 미야노 씨가 저를 배려해 아무 말도 하지 않을지 모르겠습니다. 그런 가능성을 알면서도 제가 실소밖에 안 나오는 제 속마음을 상세하게 밝히는 이유는 앞으로 우리가 편지를 계속 주고받기 위해서 미야노 씨가 협력해주었으면 하는 일이 있기 때문입니다.

미야노 씨는 감사하게도 저와 병에 대해 이야기하면 맘이 편해진다고 말해주었습니다. 우리의 대화에 놀이가 있기 때문이라고요.

다만 앞서 적었듯이 저는 요즘 제 말에서 '놀이'를 빼앗긴 것 같습니다. 그래서 제 이야기가 점점 '정돈되고 놀이라고는 없는 것'에 가까워진다고 느낄 때가 있습니다. 그 이유는 아마도 원활한 대화를 위해 제가 지닌 수단과 원활한 대화를 위해 사회적으로 고안된 암묵적인 규칙으로 더 이상 대응하기 어려운 영역에 미야노 씨가 들어섰기 때문이겠지요.

이런 상황에서 일반적인 선택지는 두 가지가 있습니다. 하나는 상호허위 상태가 되어 서로 상처 입히지 않도록 정치적 올바름을 준수하며 병에 대해 이야기하는 것입니다. 또 다른 선택지는 누군가 이 화제를 아예 배제하여 다른 이야기만 하는 것이지요. 둘 중 한 가지를 선택하기란 간단합니다. 그런데 저는 둘 중 무엇도 선택하기 싫습니다. 우리 모두 명색이 말을 무기로 삼는 학자인데, 더 이상 수단이 없다는 이유로 현상 자체를 없는 셈 치거나 입을 다무는 것은 꼴사납습니다. 기존 방법을 쓸 수 없다면 왜인지 질문하고 새로운 방법을 만들어내는 것이 재미가 있고 의의도 있겠지요.

그러기 위해 미야노 씨가 다시금 해방해주었으면 하는 말이 있습니다. 우리가 공유했으면 하는 미래가 있습니다. 단도직입

적으로 말하겠습니다. 죽음에 대한 이야기입니다.

갑자기 몸이 나빠질지도 모른다는 말을 처음 들었던 2018년 11월, 미야노 씨는 죽음이 왔다고 생각해서 옷을 버리고 행사를 취소했습니다. 그래도 그때는 아직 수치가 보여주는 상황과 미야노 씨의 주관적 감각 사이에 거리가 있었습니다.

그렇지만 미야노 씨의 최근 몸 상태에 대해 들건대, 미야노 씨의 감각과 수치가 나쁜 의미로 점점 가까워지는 것 같습니다. 그리고 미야노 씨의 이야기를 듣다 보면, 작년 11월과 비교해 지금은 미야노 씨의 내면에서 "갑자기 병세가 악화될지도 모른다."라는 말을 대하는 감각이 변한 듯합니다. 미야노 씨가 몸이 나빠질 미래를 똑바로 응시하면서 이야기하는 것 같기도 하고요.

저는 지금껏 우리가 설령 "안녕."과 "안녕."을 주고받을 뿐인 단순한 대화라 해도, 그 속에서 서로 공통된 미래를 어렴풋이나마 바라보고 있었다는 사실을 깨달았습니다. 예컨대 이번에는 인사만 하고 지나가자, 또는 이 다음에는 대화가 이렇게 전개되겠지, 하는 미래입니다.

제가 지금 겪는 어려움은 아마도 미야노 씨가 저와 대화하면서 어떤 미래를 보고 있는지 파악할 수 없다는 것에서 기인합니다. 그래서 미야노 씨가 그 미래를 해방해준다면 저는 퍽 편해질 것 같습니다. 그런데 그 미래란 죽음과 관련이 있으며, 죽음에 대해 묻는 것은 이 사회가 고안한 대화의 규칙에서 원칙적으로 해서는 안 되는 일입니다.

심지어 제가 죽음에 대해 물어보는 이유도 저 자신이 편해지고 싶다는 자기중심적인 것입니다. 아프지 않은 사람이 아픈 사람에게 해도 괜찮은 일이 아니지요. 하지만 그렇기에 더더욱 저는 사회가 정한 규칙을 넘어서기로 마음먹었습니다. 저에게 미야노 씨는 아픈 사람도 암 환자도 아니라 철학자이기 때문입니다. 그리고 미야노라는 철학자와 철저하게 대화한 끝에 펼쳐질 풍경을 보고 싶기 때문입니다.

저는 편지를 주고받기 시작하면서 미야노 씨의 병을 피해서 이야기하기란 너무나 어려울 것이라고 했습니다. 우리의 관계가 암을 이야기하면서 시작되었기 때문입니다. 그러자 미야노 씨는 전혀 피할 필요가 없다고 말해주었지요. 제가 어떤 공을 던지든 받아칠 테니 괜찮다고요. 하지만 아무리 그래도 오늘 제 공은 스트라이크 존에 들어갔는지도 좀 불분명한 데다 받아치기는커녕 몸에 맞을까 불안합니다. 그리고 미야노 씨는 몸에 맞았다 해도 맞지 않은 척할 사람이지요. 그래서 더 무섭기도 하지만, 저는 결국 이런 인간이기에 지금 제 생각을 솔직하게 담아 전력으로 직구를 던지려고 합니다.

오직 너만 자아낼 수 있는 말을 글로 남겨.

그 글이 세계에 어떻게 닿을지 지켜보기 전까지,

절대로 죽지 마.

2019년 6월 2일

미야노의 가방에 휘둘렸던 도쿄의 일개 인류학자로부터

미야노 마키코 님께

매운 카레를 좋아하는 문화인류학자 ————

이
소
노
마
호
님
께

답장이 너무 늦어버렸습니다.

원래는 도쿄에서 돌아온 뒤 구마모토로 갈 예정이었고, 그곳의 좋아하는 카페에서 한 손에 커피를 들고 재즈를 들으며 편지를 쓰려 했습니다. 하지만 결국 후쿠오카의 저희 집에서 책상에 모르핀을 상비해두고 헐떡거리면서 현미차를 홀짝이고 있는 형편이네요. 이런 맙소사.

도쿄에서 이소노 씨가 이래저래 배려해주었던 것을 이제야 알았습니다. 우선, 고마워요. 도쿄에 가기 전부터 이소노 씨가 몇 차례 가방을 들어주겠다고 했고 그때마다 제가 괜찮다고 답을 드렸던 것으로 기억합니다. 사실 저 자신은 '당일에 어떨지도 모르니까.'라고 생각했습니다. 물론 예방 차원에서 가방을 들어달라고 부탁할 수도 있었지만, 스스로 '환자답게' 처신할 필요가 있을까 싶어서 '그날 힘들면 부탁하지 뭐.' 하고 가볍게 생각했습니다.

설마 이소노 씨가 뒤에서 제 상태를 살폈고 가방까지 들어봤을 줄이야… 제 불찰입니다. 이소노 씨에게는 곤혹스럽거나 초조한 일이 많았겠지요. 하지만 좀 제멋대로 말하면 저는 아픈 사람과 그렇지 않은 사람의 관계란 그 정도 곤혹과 초조를 공유하면서 그때마다 "어떡하지?"라고 묻는 것이 적당히 좋다고 생각합니다. 예방을 위해 무언가를 준비하면 어떻게 해도 '전형적인 환자'가 될 수밖에 없습니다. 물론 그런 예방이 도움이 될 때도 있지만, 결국은 전형적인 환자에 맞춰서 서로 관계를 맺게 되어버리지요. 여차할 때 대응할 수 있도록 준비하는 것도 중요하지만, 어디까지나 준비에 불과합니다. 그 준비에서 일단 손을 떼고 그때그때 무엇을 하고 싶은지 무엇이 필요한지 서로 대화하며 찾다 보면 두 사람이 '지금 마주한다'는 감각이 남습니다. 그 감각이 아픈 사람의 자신감(가령 '이렇게 외출할 수도 있구나.' 하는 등)으로 이어진다고 저는 생각합니다.

임기응변으로 수습할 수 있는 상황은 이미 지나지 않았느냐고 지적하고 싶겠지요. 이소노 씨가 눈치챘듯이 제 몸은 갈수록 나쁜 방향으로 나아가고 있습니다. 기침이 눈에 띄게 늘어

낳고, 호흡은 괴롭고, 밥을 먹지 못하니 모를 수가 없겠죠.

이소노 씨가 적었듯 이미 저는 '원활한 대화를 위해 사회가 고안해낸 암묵적 규칙으로는 대응하기 어려운 영역'에 들어섰습니다. 제 모습을 본 주위 사람들 대부분은 어떡하면 좋을지 몰라 불안하겠지요. 이런 상태로 '지금 마주한다'는 감각을 논하다니 너무 태평한 소리일 테고, 미리 준비하지 말라는 것은 주위 사람들에게 가혹한 부탁일지 모릅니다. (그래서 거짓되게 꾸민 대화나 자기기만으로 스스로를 지키려 하는 건지도 모릅니다.) 하지만 이소노 씨는 또 다른 방법을 찾고 있습니다. 그러기 위해 지금 어떤 미래를 보고 있는지 저에게 가르쳐달라고 했지요. 저는 왠지 이소노 씨의 질문에 대한 답에서 제가 그토록 '지금 마주한다'는 감각을 고집하는 이유를 찾을 수 있을 것 같습니다.

자, 앞선 편지에서 이소노 씨는 "갑자기 병세가 악화될지도 모른다."라는 말을 대하는 제 감각이 변하지 않았느냐고 물어보았습니다. 그 질문에 대한 답은 '예스'입니다. 틀림없이 변했습니다. 처음 그 말을 들었던 2018년 10월에는 검사 결과의 수치가 급격히 나빠졌기 때문에 이대로 가면 어찌 될지 모른다고 논리적으로는 이해했습니다. 하지만 결국은 숫자였을 뿐 열이 나지도 고통이 있지도 않았기 때문에 '정말로 아플까?' 하는 의문이 뒤섞여 있었지요.

지금은 다릅니다. 문외한이 봐도 한눈에 알 정도로 암세포가 퍼진 검사 영상, 뜻대로 되지 않는 호흡, 진통제를 먹어도 아픈 몸. 눈사태에 휩쓸린 듯이 단숨에 몸 상태가 악화되고 있습니다. 전에는 항암제 부작용으로 통증이 일거나 너무 나른해서 고민했을 뿐입니다. 하지만 그런 문제는 치료를 위해서 참으면 되는 것이었습니다. 지금은 다릅니다. 약으로 억눌렀던 온갖 것들이 봇물 터지듯 나를 잠식한다는 사실이 몸으로 똑똑히 느껴집니다. 9년 동안 암과 함께했지만 처음 겪는 일입니다. 호흡 곤란으로 물에 빠진 듯한 느낌에 휩싸이고 간이 부은 탓에 일어나는 고통을 견디면서 비로소 의식하게 되었습니다. '이렇게 죽어가는구나.'라고요.

"갑자기 병세가 악화될지도 모른다." 이 말은 더 이상 추상적이지 않으며, 가능성의 차원에 머무르지도 않습니다. 그 말은 그야말로 지금 저의 현실 속에 있고, 명백하게 '죽음'과 직결되어 있습니다. 뒤집어 말하면, '갑자기 병세가 악화되는' 경험을 함으로써 저에게 죽음은 생생한 감촉으로 느껴집니다.

이제는 "죽음은 분명히 다가온다. 다만 지금이 아닐 뿐이다."라고 할 수 없습니다. "죽음이 지금 여기에 찾아왔다."라고 해야겠지요.

당연하지만, 무섭습니다. 호흡 곤란 탓에 괴롭거나 고통에 시달릴 때면 마지막 순간에는 이런 식으로 움직이지 못하게 되려나 하는 끔찍한 생각에 사로잡히기도 합니다. 그런데 이 두려움을 피할 길은 없습니다. 몸에 나타난 상태로서 제 안에 자리 잡은 탓에 없앨 수도 없으니까요. 다르게 비유하면 제 몸속에서 기르던 죽음이 (모두 죽음을 기르고 있습니다만) 날뛰기 시작해서 '갑자기 상태가 나빠지는' 프로세스가 마침내 진행되는 듯합니다.

이런 상태로 저는 매일매일 어떻게 생활하고 있을까요. 이소노 씨가 아는 대로입니다. 지난주에는 구마모토에서 일주일 동안 뇌에 전이된 암을 없애기 위해 방사선 치료를 받았습니다. 그러는 사이에도 강의를 하고 새로운 책을 기획하고 행사를 준비했지요. 결국 아무것도 변하지 않았습니다. 몸이 점점 나빠지는 건 느껴집니다. 이제는 애를 써도 효과가 없습니다. 죽음이 지금 여기에 찾아왔고 내일 약속조차 못 지킬지 모릅니다. 그런데 저는 책을 쓴다고 하는 훨씬 많은 시간이 필요한 약속을 맺으려 합니다. 무책임하지 않나 스스로도 고민했습니다. (앞으로도 계속 고민하겠지요.)

분명히 무책임합니다.

그렇지만 자신의 인생을 완벽히 책임질 수 있는 사람이 있을까요? 그런 사람이 있다고 치죠. 그러는 게 과연 바람직할까요? 자신의 인생에 책임 따위 질 수 없다고 하면 빈축을 살 듯합니다. 특히 현대사회에서는 미래를 예측하고 계획을 세우고 위험성을 관리해서, 민폐를 끼치지 않는 동시에 명확한 책임을 지면서 자신의 인생을 스스로 일구고 정리해야 이상적이라고 하니까요.

이런 삶의 최종 목적지로 여겨지는 것이 최근 유행하는 '종활終活'* 같습니다. 예측할 수 없는 '죽음'을 미리 준비함으로써 가능한 자신의 인생에 책임을 지고 최대한 깔끔하게 이 세상에서 이탈한다. 아무런 흔적을 남기지 않는다. 뭔가 완결되지 않은 것을 남겨서 주위를 번거롭게 하지 않고 자신의 인생에 자신의 손으로 마침표를 찍고 떠난다.

실제로 돌아가신 분의 이런저런 처리와 수속은 남은 이들에게 꽤 큰일입니다. 그러니 깔끔하게 정리해두고 떠난다면 큰 도움이 되겠지요. 다른 사람이 손댈 여지가 없을 만큼 깔끔하게 정리된 인생을 앞에 두고 남은 이들은 "훌륭한 분이었어요."라고 할 것입니다. 하지만 아무것도 할 일이 없을 때 남은 이들은 일말의 쓸쓸함을 느끼지 않을까요. 적어도 제가 그런 상황

---

*   '끝내는 활동'을 뜻하며, 일본에서 고령자들이 죽음에 앞서 유언, 상속, 장례식 등을 스스로 준비해두는 것을 가리킨다.

에 처한다면, 조금은 무책임하게 일을 남겨두고 가지 그랬느냐고 생각할 것 같습니다.

내가 해줄 수 있는 일이 전혀 없어서 무력감이 느껴진다고 할까요. 완성되어버린 인생에서는 떠나간 이와 연결될 지점을 찾을 수 없습니다. 미완성인 채 남겨진 것이야말로 떠난 사람이 살아왔던/살려고 했던 흔적이기 때문입니다. 남은 이들은 떠난 이의 흔적을 이야기하고 생각하고 이어받거나 이어받지 않습니다. 그럼으로써 떠난 이를 그리워하고 죽음을 받아들이는 건지도 모릅니다. 마지막에 책임지지 않고 남겨둔 것이 죽은 자와 산 자를 연결해주는 것입니다. 이렇게 말하면 '코앞에서 죽음과 마주한 이'가 제멋대로 해석한다고 비웃음을 살까요.

하이데거의 『존재와 시간』에 있는 죽음에 대한 분석이 밝혀냈듯이, 인간에게 죽음이라는 종말은 '반드시 완성된다는 뜻은 아니라고' 저는 생각합니다. 확실히 지금 저에게 죽음은 가까이 다가왔고, 당장 내일 닥친다고 해도 이상하지 않습니다. 충분히 준비해야겠지요. 하지만 인간은 죽음을 제어할 수 없고 언제 죽음이 닥칠지도 알 수 없기 때문에 아무리 준비한들 충분할 수는 없습니다.

저의 인생은 무언가 하는 도중에 중단될 수밖에 없습니다. 인생이란 완성될 수 없으며, 인간은 항상 '자신의 미연未然, noch nicht'—아직 목적지로 가는 도중—을 살아가는 존재입니다. 그런 존재가 무슨 수로 완벽하게 책임질 수 있을까요.

아무리 그래도 죽음을 핑계 삼아 약속을 휴지 조각으로 만들면 약속한 상대방은 어쩌라는 말이냐. 이런 항의가 들리는 듯합니다. 무책임해도 된다는 얼렁뚱땅한 태도로 미래의 약속을 해서는 안 돼, '코앞에서 죽음과 마주한 이'는 애초에 약속을 하면 안 된다고, 죽을 게 확실한 사람한테 약속이 웬 말이냐, 하고 말입니다.

그렇지만 죽음은 모든 사람에게 평등하게 찾아옵니다. 갑작스레 찾아오는 경우도 있지요. 죽음이 다가오지 않는 사람이란 없습니다. 모두들 언젠가는 죽을 게 확실한데, '약속'이란 도대체 무엇일까요.

와쓰지 데쓰로和辻 哲郎는 '약속'을 '신뢰'의 관점에서 논한 철학자입니다. 와쓰지는 구키 슈조의 대학 시절 동급생입니다. 구키가 지금 이 순간의 우연성을 중시했다면, 와쓰지는 안정된 일상의 연속성이 타자와 맺는 윤리적 관계의 기본이라고 생각했습니다. 와쓰지 데쓰로는 우리의 삶에서 가장 중요한 윤리적 기초가 '신뢰'에 있다고 했습니다. 그에 따르면 신뢰란 사람과 맺는 관계 속에 깃드는 특별한 무언가가 아닙니다. 그보다는 일상적인, 우리 사회를 지탱하는 근본에 신뢰가 있습니다.

예컨대, 전철에 타는 것 역시 신뢰가 없다면 불가능한 일입니다. 곰곰이 생각해보면 전철에 타는 것은 전혀 면식 없는 사람들과 꽤 오랜 시간을 밀실에서 함께 있는 행위입니다. 옆 사람이 무슨 생각을 하는지, 다음 순간 무얼 하려는지도 알 수 없습니다. 하지만 우리는 전쟁터에 나가듯 전철에 타지는 않고, 모르는 사람이 있다며 경계하지도 않습니다. 왜냐하면 전철에 타는 사람들은 나를 비롯해서 모두 '승객'이라는 역할을 맡아, 그 역할에 맞추어 서로 관계하기 때문입니다. (갑자기 소리치지 않는다, 모르는 사람에게 말 걸지 않는다, 등등.)

앞선 편지에서 이소노 씨가 쓴 말을 빌리면, 전철이라는 공간에 어울리는 인간관계의 암묵적 규칙이 있고 모두들 그 규칙을 따르리라고 서로를 '신뢰'하기 때문에 모르는 사람들과 밀실에 있어도 불안하지 않은 것입니다. 알지 못하는 타인과 함께 흘러가는 시간을 살아가기 위해서는 인간관계를 안정시키는 규칙이 필요하고 사람들은 각자 그 규칙을 준수해야 합니다. 바로 그렇기 때문에 와쓰지 데쓰로는 우리의 일상이란 바로 타인과의 공동성을 살아가는 것이며, 개인성이란 그 공동성과 맺는 관계에서 나타나는 것이라고 생각했습니다.

우선 인간관계를 지켜주는 규칙이 있어야 합니다. 우리는 어쨌든 인간관계의 규칙에 의존하여 무서운 타자로부터 자신을 지키고, 또 타자에게 자신이 무서운 존재가 아님을 보여줍니다. 그럼으로써 사람들이 함께 사회를 만들어갈 수 있는 것입니다. 이런 과정은 와쓰지 데쓰로가 말했듯이 인간관계와 그 관계의 규칙(와쓰지는 윤리라고 했지요)을 신뢰해야 비로소 성립됩니다. 와쓰지 데쓰로의 논리는 이다음부터 재미있어집니다. 그는 규칙을 신뢰한다는 것이 대체 무슨 행위인지 더욱더 파고들어 갑니다.

와쓰지 데쓰로는 이렇게 말했습니다.

"알 수 없는 미래에 대해 미리 결정적인 태도를 취하는 것."

인간관계의 암묵적 규칙들이 여럿 있다고 해도, 사람들이 규칙을 지킬지 말지는 모릅니다. 사람 마음이란 알 수 없지요. 내 옆 사람이 바로 다음 순간 폭발해서 날뛸 가능성도 있습니다. 하지만 사람들은 그런 일이 없을 거라고 미래의 미지성未知性을 받아들이며 스스로 규칙에 따라 행동합니다. 그처럼 알 수 없는 미래를 앞두고 시간을 뛰어넘어 미래의 일을 현실로 만들려는 것이 바로 약속입니다. 자신이 그렇게 미래를 현실과 일치시킬 수 있다고 말할 때 그 사람은 비로소 '약속할 능력'을 지닌 사람이 됩니다. (가령 "다음 주 토요일이 마감이라고요? 괜찮아요, 꼭 맞출게요.") 그리고 주위에서는 신뢰할 만한 사람으로 여겨지지요. 그런데 미래란 여전히 알 수 없는 것이기도 합니다. (마감을 장담한 이가 갑자기 사고를 당할 수 있으니까요.) 사람은 진짜로 시간을 뛰어넘을 수는 없기에 현재 시점에서 상대를 믿고 미래의 약속을 맺는다는 건 '모험'이자 '도박'입니다.

일상과 신뢰, 그리고 약속을 둘러싼 와쓰지 데쓰로의 분석은 언제 봐도 감탄이 나옵니다. 다만 대체 어떤 사람이라야 '약속할 능력'이 있다고 할 수 있을까 의문이 떠오르기도 하지요. 언젠가 반드시 죽음을 맞이하여 미완결인 채 끝날 수밖에 없는 인간이 과연 미래에 대해 미리 결정적인 태도를 취할 수 있을까요? 죽음의 가능성을 일단 생각하기 시작하면 더 이상 미래에 대해 결정적인 태도를 취할 수는 없습니다.

그럼에도 우리는 약속을 맺습니다.

약속으로 죽음의 가능성을 은폐하는 걸까요? 그렇지는 않습니다. 약속이란 죽음의 가능성과 무책임함을 모두 끌어안고 본래는 할 수 없는 '결정적 태도'를 '그럼에도' 취하려 하는 것입니다. 그처럼 무모한 모험, 또는 도박을 눈앞의 상대에게 '지금' 표명하는 데 의미가 있습니다.

나는 언제 죽을지 모르지만 당신이 있기에 비로소 약속이라는 도박을 감행하고, 될지 안 될지 모를 일을 실현해내기 위해 모험에 나선다. 당신이 있기에 마음먹는 '지금'의 결단이야말로 '약속'의 요점이겠습니다.

그렇다면 신뢰란 미래를 향하는 것이라기보다 지금 눈앞에 있는 당신에 대한 믿음이라고 할 수도 있겠지요. 그래서 와쓰지 데쓰로가 인간의 진실이란 '사람과 사람 사이'에서 '끊임없이 새롭게 일어나는 것'이라고 말했던 모양입니다.

오직 너만 자아낼 수 있는 말을 글로 남겨.
그 글이 세계에 어떻게 닿을지 지켜보기 전까지,
절대로 죽지 마.

이소노 씨는 앞선 편지를 이렇게 마무리했습니다. 저는 지금 "그래, 그럴게."라고 약속하고 싶습니다. 앞으로 병세는 점점 더 나빠질지 모르지만요.

단순히 '죽지 않겠다'는 약속은 아닙니다. 이소노 씨가 희망하고 제가 보길 바라는 미래를 향한 도박이자, 미래를 향한 모험을 포기하지 않고 나아가겠다는 각오입니다. 그리고 무엇보다도 전력으로 직구를 던져준 이소노 씨와 제가 그동안 맺은 관계에 대한 신뢰입니다.

앞으로 제 약속은 계속 흔들리겠지요.

어제도 멈추지 않는 기침 탓에 호흡 곤란에 시달리면서 이미 많은 약속을 해버린 저의 무책임함에 의문을 품었습니다. 지금 받아둔 일들을 전부 취소해버리고 싶기도 했지요. 하지만 저에게 아직 내일이라는 시간이 있다면, 저는 사람들과 지금 마주함으로써 새롭게 일어날 무언가를 믿고 싶습니다. 그렇게 점점 더 미완결인 것들을 끌어안으며 나아가는 게 바로 살아가는 것이라고 생각하니까요. 그리고 최후에 남을 미완결인 저의 삶을 누군가 이어받는다면 더할 나위 없이 기쁠 것입니다.

모두에게 귀찮은 일을 조금은 남겨두어도 괜찮지 않을까요. 죽음을 실감하며 살게 된 뒤로 저는 조금씩 제멋대로인 사람이 되는 것 같습니다.

2019년 6월 9일

요즘 들어 의료용 침대를 사고 싶은 미야노 마키코 드림

저는 배를 타는 걸 좋아하는데,
드넓은 바다에서 제가 언제나 어딘가로 향하는
'도중'에 있다는 사실을 실감할 수 있기 때문일지도 모르겠습니다.
이 사진은 고베항에서 쇼도섬으로 향하다 찍었습니다.

에이스의
역할

미야노 마키코 님께 ────────

철학자 미야노 마키코는 매우 책임감이 강한 사람입니다. 갑자기 병이 악화될지도 모른다는 말을 처음 들었을 때도 다른 사람들을 생각해 회의 준비부터 마칠 정도였지요. 그뿐이 아닙니다. 의사의 말에 주의 깊게 귀를 기울이고, 그 말이 무슨 뜻인지 스스로 조사하여 그 의미를 충분히 자기 속에서 소화한 다음, 어려운 선택을 하며 현재까지 왔습니다.

그런 철학자가 지금 자신의 몸속에 깃든 죽음을 명확히 느끼면서도 자기밖에 할 수 없는 말을 글로 쓰고, 그 글이 세계에 어떻게 닿을지 지켜보기 전에는 죽지 않겠노라 약속해주었습니다.

당신은 총명한 사람입니다. 그러니 이 약속이 말 그대로 도박임을, 그런 미래가 오지 않을 가능성이 있음을 차고 넘치게 자각하고 있겠지요. 그럼에도 당신은 저와 미래를 약속할 결단을 내렸습니다. 그 결단을 위해 지금 미야노 씨에게 도대체 얼마나 굳은 각오가 필요했을까요. 저도 짐작 정도는 할 수 있습니다.

사람의 마음을 뒤흔드는 연구란, 결코 타인의 욕구를 충족해주기 위한 것은 아니겠지요. 한 연구자가 인생을 걸고 모아온 자료들이 그 연구자의 인생의 궤적에서 기묘한 빛을 내며 다른 사람들이 생각조차 못했던 세계를 보여줄 때가 있습니다. 그럴 때 사람들은 눈앞의 욕구를 내던지고 새로운 세계로 뛰어듭니다. 세계를 이렇게도 볼 수 있었나, 내가 이런 세계에 살고 있었구나, 하고 자신과 세계에 대해 다시금 생각하게 되지요. 유명 학술지에 실렸는지 여부와 상관없이 저에게 아름다운 연구란 지금껏 생각지 못한 세계를 보여주는 것입니다.

미야노 씨는 우연성에 천착한 철학자 구키 슈조를 20여 년간 계속 연구해왔습니다. 그런 당신이 필연인 동시에 언제 닥칠지 누구도 모른다는 점에서 우연성을 잉태하고 있는 죽음이라는 현상과 목숨을 걸고 맞서고 있습니다. 그리고 만난 지 채 1년도 안 된 사이인데 이렇게 편지를 주고받고 있는 우리는 지금껏 주고받은 편지가 책으로 출간될 게 거의 확정되었다는 또

하나의 커다란 우연과 마주하고 있지요.

이런 현상들을 신체성을 동반하되 감상적이지 않게끔 분석하여 세계에 전달할 수 있는 사람은 미야노 씨밖에 없습니다. 우리 대화의 또 다른 축을 맡고 있는 저에게는 불가능합니다. 그러니 미야노 씨는 우리 팀의 에이스 투수입니다.

제가 우리 책의 저자를 미야노 마키코·이소노 마호 순서로 적어 달라고 한 것도 그 때문입니다.* 미야노 씨는 "뭐, 이소노가 미야노의 체험을 풀어내는 셈이니까…."라며 스스로 납득했지만, 제가 굳이 미야노 씨를 앞에 넣길 바란 이유는 그런 얼렁뚱땅한 것이 아닙니다. 미야노 씨 맘대로 저를 학생의 고민을 풀어주는 선생님이나 피상담자의 혼란에 귀를 기울이는 카운슬러로 만들지 마세요. 미야노 씨라면 그런 건 혼자서도 맘껏 할 수 있잖아요.

아직 이렇게나 빛나는 문장을 쓰고 힘차게 궤적을 그릴 수 있는데, 벌써 "최후에 남을 미완결인 저의 삶을 누군가 이어받는다면 더할 나위 없이 기쁠 것입니다. 모두에게 귀찮은 일을 조금은 남겨두어도 괜찮지 않을까요." 하고 중도 포기를 정당화하는 말씀은 하지 마세요. 저는 20여 년 동안 우연을 연구하

---

* 한국의 가나다 순서처럼 일본어의 50음도 순서대로 적는다면 이소노 마호가 앞에 있어야 한다.

며 궤적을 남긴 적도 없고, 죽음을 생생히 느끼며 몸속에 품어 본 적도 없기에 도저히 당신의 분석을 이어받을 수 없습니다. 오직 에이스만 해낼 수 있는, 저는 결코 따라 할 수 없는 공을 마지막까지 계속 던져서 당신밖에 보여줄 수 없는 세계를 많은 사람들에게 전해주세요.

세 번째 편지에 등장했던 프로복서 고쿠보 씨는 6월 9일의 시합에서 판정승을 거두고 드디어 일본 랭킹에 올랐습니다. 앞선 시합에서 다친 왼손이 회복되지 않은 채 시합에 나섰는데, 6라운드에는 비명이 나올 정도로 통증이 심해서 왼손을 전혀 쓰지 못했다고 합니다. 도중에 기권할까 생각했다는데, 코치가 "여기서 포기하면 전부 끝이야. 전부 쓸데없게 된다고!" 하며 격려를 해주어 마지막까지 싸워냈다지요.

미야노 씨의 몸이 생사의 갈림길에 서 있다는 사실은 저도 잘 압니다. 하지만 당신의 마지막 무기, 글로 세계를 그리는 힘은 아직도 당신 속에 분명히 남아 있습니다. 그 힘이 제 눈에 보이는 한 저는 미야노 씨의 마음이 흔들릴 때마다 "도망치지마. 더 할 수 있어."라며 당신의 손을 잡아끌겠습니다. 그것이 저의 역할입니다.

그러니 혹시 제가 당신을 어떻게든 물리적으로 돕게 된다 해도, 당신이 '환자답게' 되어버렸다고 받아들이지는 마세요. 저는 그렇게 시혜를 베푸는 사람이 될 생각이라고는 요만큼도 없습니다. 저는 팀 동료로서 우리의 에이스가 자기만 보여줄 수 있는 세계를 펼쳐 보이길 바랄 뿐입니다. 미야노가 아니어도 할 수 있는 일은 저에게 맡기고, 미야노만 할 수 있는 일에 집중해주세요.

이 승부, 반드시 이길 것입니다.

2019년 6월 12일

이소노 마호 드림

이소노 마호 님께 ─────

에이스의 역할 또는 철학자의 업.

8년 전, 병에 걸렸을 때 나는 무슨 생각을 했나?

이소노 씨의 여덟 번째 편지를 읽자마자 그렇게 자문해보았습니다.

유방암 때문에 오른쪽 유방을 전부 절제해야 한다고 들었을 때, 저는 '끝까지 지켜봐주겠어.'라고 속으로 중얼거렸습니다. 내가 겪는 일을 전부 철학의 계기로 삼겠어. 내 연구 주제인 '우연'을 '사랑의 마주침' 같은 미적지근한 말로 논하는 데 그치는 게 아니라, 드디어 '재앙'에 대해서까지 다룰 수 있는 자리에 서게 된 거잖아. 내 몸으로 직접.

우연의 긍정적인 면과 부정적인 면을 모두 분석할 수 있는 자격을 갖춘 것 같아서 마음속 한편으로 안도하기도 했습니다. 그런 제 생각의 바탕에 있었던 것은 '철저히 파고들겠다'는 숭고한 이념이 아니었습니다. '글의 소재로 삼겠어.' 혹은 '이 경험을 그냥 놓칠까 보냐.' 하며 자신의 병을 삼켜서 글로 토해내겠다는, 사색하는 인간의 업이었지요. 그렇지만 그 업이야말로 저를 살리는 동시에 '에이스'답게 해주었다고 생각합니다.

저는 왜 그렇게까지 '우연'에 의문을 품고 설명하려 했을까요? 이제야 알 것 같습니다. 우연에야말로 '살아가는 것' 그리고 '살아가려 하는 힘'의 시초가 있기 때문입니다.

다시금 제가 20년 넘게 읽어왔던 『우연성의 문제』를 펼쳤습니다. 서두에서 구키 슈조는 우연성이란 '없는 것을 있게 하는 존재'라고 간략하게 정의했습니다. 다시 말해 '있는 것'도 '없는 것'도 가능한 것입니다. 제 유방암은 분명히 유전성이 아니기 때문에 (유전성이라 해도 100퍼센트 암에 걸리지는 않습니다만) 저는 암에 걸리지 않고 오늘도 건강하게 술을 마셨을 가능성이 있었습니다. 암에 걸렸을 가능성도 당연히 있었지요.

여기까지 살펴보면 제가 암에 걸린 우연은 주사위를 던졌더니 6이 나왔더라 하는 확률의 문제로 읽힐지도 모르겠습니다. 하지만 그렇지는 않습니다.

구키 슈조는 한 발 나아가 우리의 현실에 있는 우연성을 "유有

와 무無의 접촉면에 개재하는 극한적 존재"라든가 "유가 무에 뿌리내리고 있는 상태"라고 고쳐 말했습니다. 중요한 점은 '암에 걸릴 수도' 혹은 '암에 걸리지 않을 수도' 있었음에도 '불구하고', 결국은 제가 암에 걸려버렸다는 사실입니다. '불구하고'로 표현하는 반전, 이 역접逆接이야말로 제가 유방암에 걸려버린 사실을 우연으로서 받아들인 사정의 실체입니다. 구키 슈조는 계속해서 인간이 '그럼에도 불구하고 일어나는 일'을 어떻게 받아들이며 살아가는지 질문했습니다. 저 역시 그 문제를 고민해왔지요.

글이라면 다음처럼 답할 수 있습니다. 현실이란 '없을 수 있던 것이 있게 되는' 반전의 힘이 나타난 결과여서, 구키 슈조는 우연성을 '실재의 생산 원리' 또는 '생산점'이라 불렀다고요.

저는 '있기 어려운 것이 있는 경우'를 보고 놀라워하면서 우연을 아름답게 묘사하기도 했습니다. 예를 들어 야구를 보다 감동했을 때, 저는 선수들이 일어날지 모르는 가능성을 바라보고 현재에서 손을 떼어냄으로써 현실이 태어난다고 적었습니다. 그럴 때 현실의 발밑에 자리한 무無는 간단히 뿌리칠 수 있는 것이며, 다가오는 미래는 손을 뻗으면 바로 잡을 수 있는 것 같습니다. 가볍게 무無를 뿌리치고 존재를 향해 나아가는 순간. 그런데 제가 그렇게 반짝반짝 빛나는 생산점만 우연으로 이야기하려 했을까요.

아쉽지만 그렇지 않습니다. 제가 우연에 의문을 품고 '없을 수 있음에도 불구하고 있는 것'을 계속 설명하려 한 뿌리에는 무無에 사로잡혀도 필사적으로 벗어나려 애쓰는 삶에 대한 욕망이 있었습니다. 그와 동시에 '없을 수 있음에도 불구하고 있는 것'을 설명함으로써 저 자신의 존재를 유지하려 하는 집착이 있었지요. 지금 저는 제 병에 대해 이야기하면서 그 불쾌하기까지 한 힘을 느끼고 있습니다. 하지만 삶이란 바로 그런 것입니다. 그리고 저는 살기 위해서 글을 쓰려고 합니다.

8년 전 오른쪽 유방을 전부 절제했을 때, 저의 심신은 너무나 불안정했습니다. 잘라낸 오른쪽 유방은 제 피하지방으로 재건했기에 얼핏 보면 제 신체는 전과 다름없었습니다. 제 복부에서 추출한 고깃덩이로 만들어낸, 신경이 통하지 않는 유방. 물체로서 그 자리에 있지만 통증도 온도도 느낄 수 없고 그런 주제에 몸과 연결된 덩어리. 만질 수 있는 것이 있었지만, 실재한다는 감각이 동반되지 않아 무언가 결락된 상태였습니다. 거기에 내가 있는데 없다. 여러 번 손을 대어 만져보아도 오른쪽 유방에는 감각이 없었습니다. 제 몸이 거기서 잘린 듯했습니다. 고통이 없다는 건 공포입니다. 스스로 때리고 꼬집길 반복하며 고통 속에서 저 자신을 찾아보았습니다. 하지만 그럴수록 고통을 느끼지 못한다는 초조함이 강해져서 불안해졌지요. 우연한 병 때문에 무無의 공포와 맞닥뜨렸습니다.

그 공포와 마주하며 저는 철학의 언어들을 모았습니다. 신체 도식의 결락, 자기의식으로서 신체, 보여지는 신체, 매개로서 신체… 하나씩 제 상태에 대입하며 제 몸을 설명하고 납득했습니다. 없어져버린 제 유방의 감각을 말로 표현하여 빠져나간 부분을 꿰매려 한 것입니다. 그런 덕에 지금은 제 몸으로 일상생활을 하고 있습니다.

우연한 병은 자신을 잃어버릴지도 모른다는 공포(또 다른 자신이 되었을 가능성)를 끄집어냅니다. 저는 그 공포 앞에서 '지금과 달랐을 수 있음에도 불구하고' 유방이 떨어져 나간 몸을 필사적으로 마주 보며 말로 표현했습니다. 그럼으로써 간신히 저를 유지하고 존재하게 하여 일상을 되찾았지요. 살아가기 위한 방법이자 우연한 현실을 살아가는 저의 '생산 원리'입니다.

지금, 저는 모르핀을 대량 복용하며 생활하고 있습니다. 모르핀 탓에 저항할 수 없는 졸음에 휩싸이고 신체감각이 불확실해졌습니다. 항상 세계와 저 사이가 피막 한 장으로 막힌 듯합니다. 얇은 막이 제 몸을 뒤덮고 있는 것 같지요. 그런 와중에도 고통은 신기하게 맡은 역할을 착실히 합니다. 고통은 제 몸을 일종의 '대상'으로 만들어 한 점에 집중시킵니다. 하지만 고통 덕에 저는 제 몸을 떠올리고 스스로를 강하게 실감합니다.

물론 고통으로 느끼는 나의 존재는 '우연한 병 때문에 마주한 죽음의 공포'라는 연못가에 있습니다. 병 따위에 걸리지 않을 수 있었음에도 '불구하고' 병에 걸린 나의 존재가 고통과 죽음의 공포 속에 서 있습니다.

무섭습니다. '지금과 다를 수 있었다'는 가능성 따위가 아니라 무無 속으로 제가 빨려들 것만 같습니다. 그 공포를 떨쳐내기 위해 저는 생각하고 글을 씁니다. 그럼으로써 간신히 삶의 세계에 발을 딛고 있습니다. 고통과 죽음 속에서 나를 되찾고, 계속 나로서 있기 위해 글을 씁니다. 이를 철학하는 이의 업이 아닌 다른 어떤 말로 표현할 수 있을까요.

지금도 저는 글을 씁니다. 글에서 꿈틀대는 생에 대한 집착, 그것이야말로 살아가려 하는 힘의 시초이며 우연성을 살아내는 행위라는 걸 병을 앓으며 저는 깨달았습니다.

이 고통은, 이 글을 쓰려 하는 충동은, 저만의 것이니 우리 팀의 에이스는 틀림없이 저입니다. 다른 사람은 결코 던질 수 없을 것입니다.

2019년 6월 18일

미야노 마키코 드림

에이스가
마침내
각오를 굳힌 날.

세계를 가로질러
선을 그려라!

약속을 지키려 살아가는 철학자 ─────

일곱 번째 편지를 보낸 직후, 온라인 신문에 실린 한 기사가 눈에 띄었습니다. 암 환자와 가족의 불안을 달래는 법에 대한 기사였지요.

기사의 서두에는 유방암을 앓고 있는 여성의 경험이 소개되었습니다. 그 여성은 건강한 친구에게 재발이 무섭다고 털어놓았습니다. 그러자 친구는 "나쁜 일만 생각하면 안 돼."라고 말했다는데, 여성은 자기와 건강한 사람 사이에 넘지 못할 얇은 벽이 있는 것처럼 느꼈다고 합니다. 결국 그 친구와 사이가 멀어졌다고 해요. 그 기사에는 전문가의 의견을 인용해서 다음과 같은 조언이 쓰여 있었습니다.

• 환자가 스스로 처리할 수 없는 장래의 불안을 이해해주는 것이 중요하다. 주위 사람들은 귀를 기울이며 환자의 감정을 받아주려는 마음가짐을 지녀야 한다.

• 쓸데없이 추측하지 말고 평소대로 대하면서 부정확한 이야기나 자신의 가치관을 강요하지 않는 것도 중요하다. 안이한 격려는 외려 환자에게 스트레스가 될 수 있다. "긍정적으로 생각해." "마음을 약하게 먹지 마." "더 힘내." 같은 말은 피하는 것이 좋다.

• 환자가 힘들 때나 도움을 청할 때는 잘 받아주며 "그렇지. 그런 기분이 들 수도 있어." 하고 이해해주어야 한다.

암 환자뿐 아니라 최근에는 'ㅇㅇ을 대하는 법' 같은 것이 많아졌지요. 인터넷을 보면 정신질환자를 대하는 법, 싫어하는 상사를 대하는 법, LGBT를 대하는 법 등이 다종다양하게 있습니다. 제가 연구하는 섭식장애와 관련해서도 사정이 비슷한데, 의료 관계자나 당사자들이 이런저런 형태로 '바람직한 연결법'을 발신하고 있습니다.

무언가 당사자성을 지닌 사람이 비당사자가 무심코 내뱉은 말에 상처 입는 일은 종종 일어납니다. 미야노 씨가 세 번째 편지에서 적었듯이, 주위의 '건강한 사람'들이 '선의'로 '환자'가

혼란스러울 만큼 온갖 정보를 분별없이 제공한 탓에 당사자가 외려 피폐해지기도 하지요. 서로 다른 사람들이 관계에 어려움을 겪으면 '바람직한 연결법'을 알려주는 사람이 나타나고, 사람들은 그 연결법에 따라 관계를 맺으려 하는 게 당연합니다.

그럴 때 사람들은 각자 특성에 따라 '환자'나 '건강한 사람' 등으로 나뉘는데, 각 분류끼리 연결되는 방법을 알려주는 사람들은 정작 구체적인 관계를 맺는 당사자가 아닙니다. 해당 분야 지식인들이 각 분류에 대해 '바람직한 연결법'을 알려주는 것입니다. 저는 빈번하게 벌어지는 이 상황에 조금 위화감을 느낍니다. '건강한 사람'(사회적 다수파라고 해도 되겠죠)이 '바람직한 형태와 다른' 방법을 시도했을 때, 지식인들은 새로운 시도를 한 사람에게 다양성을 훼손한다든지 환자를 배려하지 않는다든지 차별한다든지 하며 규탄하기도 하지요. 그런 상황을 보면 제 위화감은 더욱 짙어집니다.

물론 그들이 주먹을 치켜들고 규탄하는 경위에는 공감할 만한 지점이 있습니다. 하지만 정의의 철퇴를 주저 없이 휘두르는 사람들을 보면 '다양성이 있는 사회나 다양성을 존중하는 사람들의 관계가 과연 저런 방식으로 만들어질까?' 하는 의문이 들기도 합니다.

이런 위화감을 어떻게 표현할지 고민했는데, 영국의 문화인류학자 팀 잉골드Tim Ingold가 쓴 책 『선들』*에서 단서를 찾았습니다. 이 책에서 잉골드는 끈, 노래, 수송, 이야기 등 갖가지 '선 line'을 역사적·통문화적通文化的, cross-cultural 자료들을 활용하여 고찰합니다.

저는 이 책에서 '궤적과 연결선'을 다룬 장에 특히 주목합니다. 우선 잉골드는 "역사 속에서 선(궤적)을 만들어내던 운동이 점차 선(궤적)에서 없어지는 경위를 밝히는 것"이 그 장 전체의 목적임을 밝힙니다. 그러고는 선을 만들어내던 운동이 선에서 없어지는 양상을 여러 사례를 들어 설명하지요. 본래 운동으로 그려지던 궤적이 점과 점을 연결할 뿐인 무미건조한 직선, 다시 말해 연결선이 된 것을 비판적으로 바라본 것입니다.

여기까지만 보면 좀 난해하지만 도보 여행과 수송을 예로 들면 한층 이해하기 쉬울 것입니다. 잉골드에 따르면 최종 목적지가 정해지지 않은 도보 여행은 걸음을 옮길 때마다 세계를 지각知覺하고 그 세계와 친밀감을 나누며 통과해가는 일종의 운동입니다. 그렇게 운동함으로써 궤적(선), 즉 발자취가 새겨진다고 하지요. 그런데 잉골드는 도보 여행이 수송으로 변하는 순간, 운동이 사라진다고 말합니다. 수송이란 출발지와 도착지라는

---

*   *Lines: A Brief History*, Routledge 2007.

점과 점을 직선으로 연결하여 화물에 아무런 변화도 일으키지 않고 횡단시키는 행위입니다. 잉골드는 수송과 도보 여행의 차이점을 다음처럼 설명했습니다.

> 수송과 도보 여행은 기계적 수단을 사용하는지 여부와 관계없이 도보 여행에서 보이는 이동과 지각知覺의 친밀한 관계가 사라지는지에 따라 구별한다. 수송되는 여행자는 승객이 되고, 자신은 움직이지 않은 채 장소에서 또 다른 장소로 움직여진다. 수송되는 동안 승객에게 다가오는 풍경, 소리, 감각은 승객을 옮기는 움직임과 아무런 관계가 없다.

잉골드가 지적했듯이 걸어서 이동해도 수송이 될 때가 있습니다. 가령 구글 맵을 보며 목적지까지 가는 이동과 한가할 때 거리를 어슬렁거리며 걷는 이동은 전혀 다릅니다. 전자의 경우, 나는 출발지와 도착지 사이를 횡단합니다. 이동하는 도중 내 곁에 있었을 풍경은 나와 친밀감을 나눌 틈도 없이 배경으로 물러나고, 나는 그저 도착지를 향해 직선으로 이동하지요. 후자의 경우, 나는 경치와 분위기를 느끼면서 거리를 통과합니다. 그리고 마치 모험을 하듯이 저 앞에는 뭐가 있을까 설레는 마음을 안고 나를 둘러싼 거리와 함께 선을 그립니다.

잉골드는 인간관계에 대해서는 별다른 언급을 하지 않았지만 제가 '바람직한 연결법'에 대해 느끼는 위화감이 잉골드의 생각을 빌리면 꽤 깔끔하게 설명되기에 응용해보겠습니다.

우선 '○○을 대하는 바람직한 방법'의 바탕에는 '환자'라는 점과 '건강한 사람'이라는 점을 어떻게 연결해야 할까 하는 수송의 사고방식이 있습니다. 특히 '건강한 사람'이 '환자'에게 말을 수송할 때는 바람직한 방법을 따라야 합니다. 잘못된 말이 수송되면 도착지에 있는 '환자'가 상처 입을 수도 있으니까요. 부적절한 말을 수송한 '건강한 사람'은 비판을 감수해야 합니다.

제가 위화감을 느끼는 또 다른 이유는 '○○을 대하는 바람직한 방법'이 종종 ○○과 계약을 맺고 있는 사람들에게서 발화된다는 점입니다. 앞서 소개한 기사에서는 환자가 힘들거나 도움을 요청하면 "그렇지. 그런 기분이 들 수도 있어."라고 받아주라고 했습니다. 그런데 이런 대화는 카운슬러와 클라이언트, 혹은 의료인과 환자 같은 관계에서 전형적으로 나타납니다. 의료인은 환자가 겪는 심신의 고통을 받아주어야 합니다. 그리고 의료인과 환자는 그 관계의 종착지에서 환자의 상태가 어떻게든 개선되거나 진정되어야 한다는 계약을 맺고 있지요. "그런 기분이 들 수도 있어."라고 답하는 것은 의료인과 환자의 역할을 계약 종료까지 유지하기 위한 바람직한 방법이라 할 수 있습니다. "그런 기분이 들 수도 있어."라고 하면 자신의 가치관은 드러내지 않으면서 상대방의 이야기만 들을 수 있기 때문입니다.

물론 계약을 맺은 관계에도 도보 여행의 요소가 풍부히 포함되어 있습니다. 그래서 의료인과 환자의 관계가 전부 수송과 같지는 않지요. 그럼에도 둘의 관계는 시작부터 어때야 하는지 결정되어 있고, 마지막까지도 변치 않습니다. 그리고 이 관계에는 금전이 엮인 계약도 있지요. 의료인과 환자의 관계는 출발부터 도착까지 과정을 어느 정도 예견할 수 있습니다. 이런 사실을 고려하면 의료인과 환자의 관계가 수송과 완전히 동떨어지기란 불가능합니다. 아무리 도보 여행을 하려고 해도 움직임에 제약이 있으니까요.

제가 우려하는 점은 계약을 맺은 사람들끼리의 바람직한 연결법이 아무런 계약이 없는 관계에서도 바람직하다고 여겨지고, 나아가 그 바람직한 연결법이 계약관계를 뛰어넘어 많은 사람들에게 주입된 결과 계약을 맺지 않은 사람들 사이에서도 '유사 계약관계'가 나타난다는 것입니다.

한쪽이 암에 걸렸고 다른 쪽은 건강한, 두 친구 사이에 유사 계약관계가 끼어든다고 가정해볼까요. 친구 관계에서는 도보 여행의 요소를 쉽사리 찾아낼 수 있습니다. 친구들끼리는 계약을 맺지 않고, 그들에게는 종착지도 목적도 없지요. 그런데 계약관계에서 바람직하다고 여겨지는 언동이 친구 사이에 침투하면 계약으로 이루려는 목적은 없이 관계만 계약적인 것이 됩니다. 종착지가 없으니 그들의 도보 여행은 수송이 될 수 없고, 두 사람은 유사 계약관계가 되어 움직일 여지를 빼앗긴 채 그 자리에 못 박혀버립니다.

예컨대 앞서 소개한 기사에는 이런 조언이 있었지요.

> 쓸데없이 추측하지 말고 평소대로 대하면서 부정확한 이야기나 자신의 가치관을 강요하지 않는 것도 중요하다. 안이한 격려는 외려 환자에게 스트레스가 될 수 있다. "긍정적으로 생각해." "마음을 약하게 먹지 마." "더 힘내." 같은 말은 피하는 것이 좋다.

평소대로 하라고 조언하는데, 본래 일상 대화란 추측, 부정확한 이야기, 가치관의 제시, 격려가 가득하게 마련입니다. 그렇다면 어느 선을 넘어야 쓸데없는 추측, 가치관의 강요, 안이한 격려라고 할 수 있을까요? 아무도 모릅니다.

결국 '건강한 사람'에게는 추측, 부정확, 가치관, 격려를 배제한 '바람직한 대화'라는 단 하나의 선택지가 남습니다. '암 환자'가 불안을 호소하면 '건강한 사람'으로서 "그렇구나. 그렇게 생각하는구나."하며 호소에 마침표를 찍을 수밖에 없지요. 그러면 대화의 화제를 이리저리 전환하기 위해 필요한 '빈틈'이 생겨나지 않기 때문에 대화는 한쪽이 다른 쪽에게 계속해서 불안만 호소하는 카운슬링 같은 양상을 띠게 됩니다.

본래 친구끼리 하는 대화란 고뇌를 해소하기 위한 카운슬링이 아니기 때문에 별다른 목적지가 없습니다. 그 때문에 환자와 친구가 나누는 '바람직한 대화'는 도보 여행도 수송도 아니게 되고, 두 사람은 점과 점으로서 바람직하게 연결된 채 같은 자리에 머물게 됩니다. 그 결과 미야노 씨가 여섯 번째 편지에 썼던 대로 되지요.

> 결과적으로 그런 대화에서 저는 100퍼센트 환자로서 이야기하게 되고, 듣는 이도 비환자라는 역할에 고정됩니다. 그런 대화는 같은 평면에서 서로 말을 주고받는 캐치볼이라기보다 정해진 역할(심지어 환자와 그 외로 나뉘어 역할 배분이 압도적으로 불균형합니다)을 수행하며 공을 꽉 쥔 채 실수 없이 상대에게 건네줄 뿐인 행위입니다.

최근 들어 다양성을 강조하는 외침을 자주 듣습니다. 그때 함께 접하는 것이 이런저런 특징을 지닌 사람들이 나란히 서서 활짝 웃으며 손을 들고 있는 포스터입니다. 또는 이런 병을 지닌 사람도 있고, 저렇게 살아가는 사람도 있다고 하는 사례들이지요. 다시 말해 대부분 평면도에 새로운 점을 찍는 방식으로 다양성을 보여주는 것입니다.

앞서 소개한 기사를 다시 예로 들면 받아주기, 이해, 귀 기울이기 같은 표현들이 상징하듯 다양성 사회는 사람들이 악수하면서 연결되거나 한 사람이 다른 사람을 받아주는, 정지 화면 같은 모습으로 그려지곤 합니다. (받아주려면 정지해야 하니까요.) 연결, 유대 같은 말들도 마찬가지라 점과 점이 이어진 모습(연결선)으로 강조되곤 합니다. 바로 그렇기 때문에 점과 점이 연결되는 도식을 위에서 내려다본 사람들이 네가 연결하는 법은 잘못됐어, 이렇게 해야 해, 하고 주장할 수 있는 것입니다.

그렇지만 다양성 사회와 그것을 지탱하는 관계란 정지 화면이나 평면도로는 전혀 포착할 수 없는, 완전히 다른 무언가가 아닐까요?

멈춰 서서 악수하거나 상대를 받아준다고 관계성이 만들어지지는 않습니다. 함께 운동하여 계속 선을 그리면서 세계를 통과하는 것, 그러는 와중에 서로를 기분 좋게 하는 언동을 발견하고 그 발견을 발자취로 남긴 다음 다시 한 걸음을 내딛는 것, 관계성을 만드는 것이란 바로 이렇게 앎과 깨달음을 끊임없이 불러일으키는 움직임(운동)이 아닐까요.

저는 운동이 관계성 그 자체라고 생각합니다. 차례차례 뻗으며 세계를 통과하는 선들이 때로는 교차하고 한데 엮여 장소를 만들기도 하지만 결코 멈추지 않고 앞으로 나아가는 모습, 그런 모습이야말로 다양성이 아닐까요.

지금 제가 말한 대로 관계성을, 그리고 관계성들의 집합체인 다양성을 이해하면 '바람직한 연결법'도 다르게 보입니다. 당신 방법은 잘못됐어, 올바른 연결법이란 이런 거야, 하며 도보 여행의 움직임에 제한을 두고 점과 점을 연결하듯이 '바람직한 연결법'을 말하기 어려워집니다. 하지만 실제로는 도식을 위에서 내려다보는 사람들의 "이것이야말로 바람직한 방법이다."라는 자신만만한 주장이 널리 퍼지고 있습니다. 그 주장들은 앞으로 뻗어나갈 예정이었던 선들도 점과 점 사이에서 적절한 말만 수송할 뿐인 경직된 연결선으로 바꿔버립니다. 그리고 스스로 연결점이 되길 바라는 사람들도 있습니다. 정지된 연결점이라면 고통도 생겨나지 않으니까요.

첫 번째 편지에서 잠깐 언급했던, '몸의 슐레' 사무국을 맡고 있는 하야시 리카 편집자는 예전에 섭식장애 당사자였습니다. 자신의 세계관을 수차례 뒤흔들었던 어떤 체험이 섭식장애에서 회복되는 데 큰 영향을 끼쳤다고 하야시 씨가 가르쳐준 적이 있습니다. 하야시 씨의 그 경험을 이번 편지의 내용에 빗대면 이렇게 표현할 수 있을 것 같습니다. 하야시 씨는 연결선의 한쪽에 고정되어 움직일 여지를 빼앗겼지만, 다시 스스로 운동하며 선을 그리게 되었고 선도 앞으로 나아가기 시작했다고요. 하야시 씨는 '몸의 슐레'가 시작될 계기를 만들어주기도 했습니다. 그리고 제가 미야노 씨를 '몸의 슐레'에 초대한 것은 우리 편지의 계기 중 하나이지요. 그러니 하야시 씨가 그린 선 끝에 실은 우리 편지의 선 또한 있었다고 할 수 있겠습니다.

미야노 씨는 처음에 개요도 목적지도 정해두지 말고 그저 상대방이 내게서 이끌어낸 말을 글로 옮겨 주고받자고 제안했습니다. 막 시작했을 무렵에는 전혀 상상하지 못했지만, 미야노 씨가 제안한 형식 덕분에 우리 편지에 도보 여행의 선이 나타날 수 있었습니다. 잉골드는 역사가 진행될수록 '이야기하기 storytelling'라는 행위(도보 여행)가 미리 정해둔 개요와 결론에 맞춰 쓰는 행위(수송)로 변했다고 지적한 바 있습니다.

출판사 쇼분샤晶文社의 편집자 에사카 유스케 씨와 연이 닿은 덕에 제가 여덟 번째 편지를 보낸 직후 우리의 편지가 책으로 엮이는 게 결정됐습니다. 책이라는 종착지가 생겨난 셈이니 우리 편지에도 수송의 형식이 끼어들긴 했지요. 하지만 그렇다 해도 책이라는 종착지에 다다랐을 때 우리의 편지가 어떻게 될지는 아직 알 수 없습니다. 그러니 우리는 여전히 함께 선을 그리는 도보 여행을 하며 한창 세계를 통과하는 중이라고 할 수 있습니다.

편집자가 점과 점이 어떻게 연결되고 전체적으로 무엇을 그리는지 중시하지 않는다는 것은 우리에게 행운입니다. 에사카 씨는 끊임없이 움직이는 우리의 선 자체에 흥미를 품었고, 그 선에서 의의를 찾아냈습니다. 실제로 책을 만드는 단계가 되면 그때는 편집자가 그리는 선이 우리 둘이서는 그리지 못했던 세계를 더해줄 것입니다. 책이 어찌 완성될지 알 수 없다는 점도 우리에게는 즐거움 중 하나입니다. 편집자 외에도 많은 분들이 우리의 선에 함께해줄 것입니다. 우리와 그들이 그리는 선이 한데 엮여서 책이라는 장소가 만들어지겠지요.

마지막으로 제가 선을 이야기하고 싶었던 이유가 하나 더 있습니다.

지금 미야노 씨는 모르핀조차 소용없을 때가 있어서 신경계에 작용하는 약을 추가해 통증을 조절하고 있습니다. 병세가 한층 더 악화되었지요. 그런 상황에서도 미야노 씨가 보내는 답장을 볼 때마다 이런 생각이 듭니다. 미래를 바라보며 타인과 함께 무언가 생성해내려는 운동을 그만두지 않으면, 인간이란 이렇게나 아름다운 선을 그려낼 수 있구나.

미야노 마키코 님께   217

반대로 이런 생각도 듭니다. 미야노 씨보다 훨씬 건강하면서
도 선을 그리지 않고 점에 머무르려는 사람들이 있을 것입니다.
그런 사람들은 자기 내부의 고통에 정신이 쏠려서 자신이 이제
껏 선을 그렸다는 사실도, 자신에게 선을 계속 이어갈 여력이
있다는 사실도 잊어버렸다고 생각합니다. 그리고 그중에는 스
스로 점이 되는 걸로 모자라 괴로움 때문에 타인도 자신과 같은
자리에 묶어두고 점으로 바꾸려 하는 사람이 있을지 모릅니다.

　　그렇지만 우리는 언젠가 어디에선가 반드시 마지막을 맞아
점이 될 수밖에 없습니다. 그 순간이 찾아오리라는 것을 알기
에 저는 바람직하게 연결될 뿐인 점으로는 살고 싶지 않습니
다. 저에게 여력이 있는 한 세계를 지각하고 그 세계와 친밀한
관계를 맺으며 계속 선을 그리고 싶습니다. 그러다 만나는 다
른 선과 새로운 선을 엮을 수 있는 존재가 되고 싶습니다.

　　미야노 씨가 그려온 선과 만나 지금껏 함께하면서 저는 그런
가르침을 받았습니다.

2019년 6월 15일

드물게 추상적이었던 문화인류학자 이소노 마호 드림

선을 그리는 문화인류학자

이
소
노
마
호
님
께

　이소노 씨가 여덟 번째 편지에 적어 보낸 "도망치지 마."라는 뜨거운 메시지를 받고, 칠전팔도하면서 할 말을 갈고닦다 보니 죄 많은 저의 본질인 '쓰기'에 예상보다 오랜 시간이 걸렸습니다. 그렇게 저답지 않게 주저하는 사이에 일주일이 지나버렸네요. 그 일주일 동안 지금껏 제가 마주치고 이어져서 관계를 맺었던 사람과 시간이 단번에 집약되어 폭발했습니다. 그 결과, 매우 훌륭한 '엉망진창'이 일어났지요. 지금 돌이켜보면 기적 같은 일주일이었답니다.

　도쿄에서 집필에 매진한 이소노 씨가 '○○와 바람직하게 연결되는 법'을 고려하여 다양성 사회에 대해 고민하던 사이, 저는 후쿠오카에서 고노 신타로河野 眞太郎* 씨의 책『싸우는 공주,

일하는 소녀』**와 관련한 이벤트를 진행했습니다. 고노 신타로 씨는 그 책에서 신자유주의 사회 속 여성의 삶을 문화연구 cultural studies와 문학사의 견지로 분석했습니다. "이벤트를 진행했습니다"라고 적었지만, 실제로 강연회를 개최한 이는 규슈산업대학교 국제문화학부의 후지타 히사시 교수입니다. 거기에 후쿠오카에 있는 서점 아지로ajiro의 후지에 다이 씨가 북 이벤트를 기획했고, 문예공화국 모임의 사카마키 시토네 씨가 모든 일을 배후에서 총괄했지요. 저는 그저 그들이 만든 흐름에 올라타 저희 대학에서 열린 토크 이벤트에 너덜너덜한 몸을 이끌고 나갔을 뿐입니다.

이 이벤트가 처음 얘기되었던 자리에는 이소노 씨도 있었습니다. 바로 두 달 전 후쿠오카에서 있었던 '몸의 슐레' 이벤트의 뒤풀이 자리였지요. 저는 종종 그런 식으로 술자리에서 "재밌을 거 같은데, 한번 해보자." 하며 다음 일을 정해왔던 것 같습니다. 사실 고노 신타로 씨와는 아무런 면식이 없었고 비정규직과 정규직, 남성과 여성을 둘러싼 문제가 주제라는 것만으로도 긴장되었습니다. 특히나 당사자성이 섬세하게 얽혀 있는

---

* 일본의 영문학자. 센슈대학교 국제커뮤니티학부 교수로 전문 분야는 20세기 영국 문화와 사회다.

** 『戦う姫、働く少女』堀之内出版 2017.

젠더 문제에는 정의의 철퇴를 내려칠 절호의 기회가 많습니다. 자칫 잘못하면 이벤트가 낙인 찍기와 분단만 초래할지도 몰랐지요. 저는 이벤트 주간을 맞이하면서 그런 우려를 품고 있었습니다.

그렇지만 뚜껑을 열어보니 어땠을까요. 규슈산업대학과 후쿠오카대학이 연계하여 강연회를 열었고 마무리로 거리의 서점인 아지로에서 토크 이벤트를 진행했는데, 일주일 동안 정말 다양한 사람들이 모였습니다. 저와 후지타 씨의 수강생, 이미 졸업한 제자, 다른 이벤트에서 뵈었던 분, 사무직 회사원, 수수께끼의 서점 단골까지… 저도 모르는 사람이 얼마나 많던지요!

그 자리에 오셨던 분들은 제각각 다른 인생을 살아오며, 인생의 국면마다 제각각 여러 당사자성(여성이자, 비정규직이자, 지방 출신이자…)을 지니게 되었을 것입니다. 그렇다고 해서 그녀들/그들이 강하게 자신의 '당사자성'을 내세우지는 않았습니다. 오히려 여러 당사자성에 걸쳐 있었기 때문에 당사자라는 데 안주할 수 없는 불안정함을 느끼고 있었지요. 그런 불안정 속에서 내가 느끼는 위화감이 대체 무엇인지 단서를 찾던 사람들이 일련의 이벤트에 모여들었던 것 같습니다. (물론 이런 이벤트를 위해서 사카마키 씨를 비롯한 많은 이들이 지금까지 학술적인 씨앗을 뿌리기도 했지요.) 그러자 무슨 일이 벌어졌느냐. 현장에 모였던 사람들의 웅성거림을 들으면 알 수 있습니다. "무슨 뜻인지 모르겠어요.""카오스.""대체 무슨 소리예요." "엉망진창이네."

아무튼 무언가, 새로운 무언가가 생겨난 것 같습니다.

그 자리에 모인 사람들은 특정한 분류에 따라 연결되지 않았습니다. 다양한 사람들이 자신의 위화감을 조금씩 끌고 와 한자리에 모이고, 그렇게 모여 각자의 인생을 쌓아올림으로써 서로 이어질 수 있었다고 봅니다. '정의의 철퇴'가 분류한 대로 얌전히 따른 것이 아니라 주저주저하면서도 다양한 사람이 있는 곳에 들어서서 자신의 위화감을 발견하고 말로 표현하려 했습니다. 그곳에서는 새로운 만남이 이뤄지고 이야기가 끊이지 않았지요.

그 결과, 전철 막차를 놓칠 만큼 마셨는데. (웃음) 다양하다는 말은 바로 이런 걸 뜻하지 않을까요? 사람과 사람의 인연이란 바로 이렇게 손에 들어오는 것 아닐까요?

지금 제 말이 꽤나 난폭하다는 사실은 알고 있습니다. 약자 또는 상처 입은 사람을 대할 때는 무엇보다 그들의 약함과 상처에 다가서는 것이 중요하며, 그러는 것이 당사자성에 대한 배려라는 반론이 거세게 일어날 듯합니다. 하지만 모두가 이런

저런 상황에서 다양한 형태의 당사자일 수밖에 없을 때, '당사자'란 도대체 무엇일까 의문이 듭니다.

예컨대 저는 암 당사자이지만, 제가 환자라는 사실을 100퍼센트 받아들이지는 않았고 받아들이는 게 중요하다고 생각하지도 않습니다. 타인이 나한테 멋대로 암 환자라는 딱지를 붙이지 말라고, 지금까지 주고받은 편지에도 여러 차례 적었지요. 저는 환자라는 사실을 제대로 받아들이지 않은 채 눈앞의 사람들과 대화하다 망설이고 당황하기도 합니다. 그러면서 제 삶을 환자와 가족 사이, 혹은 환자와 친구 사이에서 더듬더듬 찾아보고 있지요. 다양한 사람들이 함께 살아간다는 것이란 실제로 제 경험과 같지 않을까요.

그런데 '다양한 사람들이 살아간다'는 단순한 사실이 다양성이라는 구호 아래 정리되면 어떤 일이 벌어질까요? 이소노 씨가 지적하셨듯이 사람과 사람의 관계를 '평면도에 새로운 점을 찍는 방식'으로 표현하면 '점과 점이 연결'된 모습이 됩니다. 그러면 본래 사람과 사람 사이에 있었을 터인 (망설임과 당황을 포함한) 운동이 없어져버립니다. 저는 그런 세계에서 살아가고 싶지 않습니다.

이소노 씨는 제가 원하는 것을 적확하게 표현해주었습니다.

멈춰 서서 악수하거나 상대를 받아준다고 관계성이 만들어지지는 않습니다. 함께 운동하여 계속 선을 그리면서 세계를 통과하는 것, 그러는 와중에 서로를 기분 좋게 하는 언동을 발견하고 그 발견을 발자취로 남긴 다음 다시 한 걸음을 내딛는 것, 관계성을 만드는 것이란 바로 이렇게 앎과 깨달음을 끊임없이 불러일으키는 움직임(운동)이지 않을까요.

선을 그리는 것이 이토록 중요함에도 우리가 잃어버린 이유는 무엇일까요? 우리는 무엇을 잊은 걸까요? 저는 우리가 잊은 것이 시간의 '두께', 그 두께로 인해 생겨나는 세계의 '입체성', 그리고 새로운 일이 시작될 힘을 품고 있는 세계의 '풍부함'이 아닐까 생각합니다.

단순한 질문을 던지고 싶습니다. 애초에 '살아간다'란 무엇일까요? 우리는 그 누구도 자신의 의지로 태어나지 않았습니다. 언제 태어날지도 선택하지 못했지요. 강제로 하나의 고깃덩어리를 부여받아 점으로 이 세상에 내놓였습니다. 그리고 "죽음은 분명히 다가온다. 다만 지금이 아닐 뿐이다."라고 정해진 미래를 향해서 시간 속을 나아갈 것을 요구받고 있습니다.

시작부터 그런데 수명이 다하면 일방적으로 끝을 맞이하여 죽을 수밖에 없습니다. 사라질 수밖에 없는 점입니다. 단, 사라질 수밖에 없는 점이 내놓인 곳은 한 사람만 있는 고독한 세계가 아닙니다. 그곳에는 무수히 많은 점들이 어떻게든 자신의 선을 그리려고 악전고투한 발자취가 가득합니다. 당연하지만 그곳에서는 지금도 선을 그리려는 운동이 이뤄지고 있습니다. 그런 세상에 우리는 태어나서, 살아갑니다.

말은 이렇게 해도 자신이 사라질 수밖에 없는 점임을 인정하기란 괴롭습니다. 아무리 내가 그린 선이 남을 것이라고 해도요. 그래서 우리는 자신의 존재를 지키고 싶어합니다. 그렇게 바랄 때 나타나는 것이 바로 흐르며 사라지는 시간에 대한 초조함이고, 어떻게든 흘러가는 시간을 내 것으로 관리하고 싶다는 욕망입니다. 우리가 살아가는 '위험성 관리 사회'의 바탕에는 시간을 컨트롤할 수 있다는 망상에 사로잡힌 얄팍한 시간 감각이 있습니다. 미래를 향해 사라져가는 시간에 대한 공포로 인해 그 흐름을 억지로라도 거스르려고 한 끝에 만들어진 결과물이지요.

여러 갈래로 나뉘는 미래를 생각해서 위험성을 계산하고 여러 가능성을 고려하여 가능한 안전하게 살려고 하는데, 이렇게 자신을 지키려 하는 노력이 어째서 얄팍하냐고 반론하고 싶은 사람도 있을 것입니다. 예, 확실히 그렇게 노력하면 미래의 폭이 내가 감당할 수 있는 영역 안에 머무릅니다. 하지만 그 미래는 어디까지나 '나 자신만의' 미래입니다. 저는 반론하는 이에게 되묻고 싶습니다. 흘러가는 시간을 홀로 살아간다고 생각하냐고요.

위험성 관리 사회에서 나타나는 시간이란 여러 갈래로 나뉜다고 해도 결국 나 혼자만의 미래로 한 방향밖에 열려 있지 않습니다. 필사적으로 가능성을 관리해서 엄청 두껍게 보이려고 한들, 관리된 가능성만 있는 시간은 매우 단순해서 미래를 향해 사라지는 것이라고밖에 볼 수 없습니다. 자신이 던진 공이 그대로 자기에게 돌아올 뿐인, 리스크risk와 리턴return의 반복.

그렇게 주고받기만 하는 외길이 과연 자신의 존재를 지켜주긴 할까요.

미키 기요시三木 淸는 2차 세계대전 당시 치안유지법 위반 혐의로 검거되었다가 그대로 옥사한 철학자인데, 그는 산다는 것이 도대체 무엇일까 생각하다 다음처럼 설명했습니다.

인간이 이기적인지 아닌지는, 매출채권의 기한을 얼마나 먼 미래까지 연장할 수 있는지에 관한 문제다. 이 시간적인 문제는 단순히 타산打算과 관련한 것이 아니다. 기대, 즉 상상력에 관한 문제다.

우리는 틀림없이 자신의 선을 그리길 원합니다. 자신의 존재를 지켜서 남기길 바랍니다. 만약 정말로 그러길 원한다면 지금 선이 그려지고 있는 곳에 내려서야 합니다. 나 혼자에게만 열려 있는 시간이 아니라 수많은 점들이 선을 그리려 분투하고 있는 두꺼운 시간에 성립된 세계로 내려서라는 말입니다. 미키 기요시는 "매출채권의 기한을 얼마나 먼 미래까지 연장할 수 있는지"라고 했습니다. 설령 죽음이 운명으로 정해져 소멸할 뿐인 점이라 해도 이 세계에 태어난 이상 저는, 그 기한을 저를 뛰어넘은 머나먼 미래로 건네줄 수 있습니다.

　자기 혼자 타산하는 것이 아니라 수많은 점들이 선을 그리는 세계를 상상하며 머나먼 미래를 헤아릴 때, 비로소 우리는 이 세계에 들어서서 선을 그리며 살아갈 수 있지 않을까요.

2019년 6월 24일

선이 지나간 길이 되어, 새로운 시작에 다다르고 싶은 철학자

미야노 마키코 드림

이소노 마호 님께

밤이라 해도,
비가 내린다 해도,
선을 그릴 수 있습니다.

정말로
갑자기 병세가
악화되었습니다

긍지 높은 철학자 ————

미야노 마키코 님께

오이타현 동부의 산골 마을에는 앞으로 태어날 손주와 증손주를 위해 벚나무 묘목을 심는 풍습이 있다고 합니다. 벚나무의 수명은 약 50년에서 70년. 그보다 수명이 긴 벚나무도 있지만, 대부분은 100년을 버티지 못하고 마릅니다. 바로 그래서 사람들은 수십 년 후 미래를 기도하며 벚나무를 심는다지요. 문화인류학자 나미히라 에미코波平 恵美子가 쓴 『생명의 문화인류학』*에 쓰여 있는 이야기입니다. 세계에 참가하여 타인과 함께 살아가는 삶의 본질은 타산이 아니라 상상력과 기대에 있다. 미키 기요시의 말을 인용한 미야노 씨의 답장을 읽다 보니 벚

---

* 『いのちの文化人類学』新潮社 1996.

나무를 심는 사람들의 이야기가 떠올랐습니다.

자, 오늘은 마침 제가 첫 편지를 쓴 지 두 달이 되는 날. 오늘 편지는 꽤 별난 이야기로 시작해보려 합니다.

미야노 씨는 이미 아시지만 저에게는 세 살 어린 여동생이 있습니다. 어머니는 우리 자매가 철들 무렵에 한 가지 사실을 알려주었습니다.

실은 너희 둘 사이에 한 명이 더 태어났을 수도 있었는데.

제가 태어난 직후 부모님은 아이를 한 명 더 가지려 했습니다. 하지만 그때는 바람이 이뤄지지 않았고, 3년 뒤에야 동생이 태어났지요. 어쨌든 형제가 한 명 더 있었을지 모른다는 것은 우리 사이에서 공공연한 사실이라 "만약 개가 태어났다면 너는 없었을 수도 있겠다." 하고 제가 짓궂게 말하면 동생은 "그러게 말이야." 하면서 웃음을 터뜨립니다. 그런 대화가 우리 사이에서 수없이 이뤄졌습니다.

셋일 가능성이 있었지만, 결국은 둘.

지금껏 이렇게 생각해왔습니다.

그렇지만 올해 5월 중순부터 저는 달리 생각하게 되었습니다. 둘이 아니었구나, 셋이었구나. 영혼이 향하는 곳을 하느님이 결정한다면, 나가노의 이소노 씨 댁에 나타날 뻔했던 영혼이 돌고 돌다 오사카의 미야노 씨 댁에서 태어나 와카야마현에서 자라난 것이라고 말입니다. 이런 이야기를 하면 적지 않은 사람들이 '전부터 이상하다고 생각했지만, 마침내 이소노가 정신이 나갔구나!'라고 생각하겠지요. 하지만 저는 이 별난 이야기를 믿어 의심치 않습니다. 최근 한 달 반 동안 제가 이 이야기 안에서 살아왔으며, 지금도 이야기가 계속되고 있기 때문입니다. 정말로 그렇게 생각합니다.

앞서 얘기했지만, 편지를 쓰기 시작한 지 겨우 2개월입니다. 제 느낌에는 2개월이 아니라 마치 5년 정도는 지난 것 같습니다. "절대로 죽지 마."라고 제가 미야노 씨에게 힘껏 말한 것이 불과 3주 전이고, "고통 속에서 죽음과 접하며 말로 표현할 길을 찾고 있다."라고 미야노 씨가 충격적인 발언을 한 것이 일주일 전입니다. 그 무엇도 믿기지 않습니다. 훨씬 오래전 일들 같습니다.

미야노 씨는 앞선 편지에서 시간의 '두께'에 대해 이야기하셨지요. 보통 시간을 한 줄 실처럼 여기게 마련이라 두께가 있다고 하면 이상하게 생각하겠지만, 지금 저는 '시간의 두께'

가 무엇인지 압니다. 저에게 시간의 두께란 운동이 그린 선에 남은 발자취의 깊이입니다. 시간은 단순한 물리적 경과가 아니라고 이미 많은 학자들이 다양한 말로 표현했는데, 한 사람에게 시간이란 물리적 시간과 그 사람이 남긴 발자취의 깊이를 곱한 것이 아닐까요. 2개월을 5년처럼, 일주일 전 일을 3개월 전 일처럼 느껴버리는 이유는 그만큼 우리의 발자취가 깊었기 때문이라고 생각합니다. 그리고 저는 5년처럼 느껴지는 2개월 동안, 그 시간의 '두께'에 무슨 의미가 있는지 찾으려 했습니다.

사람은 어떤 일에서 의미를 찾을까요. 스위치를 눌러 전등을 켰을 때, 어쩌다 보니 단골 편의점이 아니라 조금 떨어진 다른 편의점에 갔을 때, 우리는 이런 일에서 굳이 의미를 찾진 않습니다. 전자는 필연으로 후자는 우연으로 분류될 듯한데, 모든 우연에서 필연적으로 의미를 찾아야 하는 것은 아니라는 걸 이 사례에서 알 수 있습니다.

똑같은 우연이라도 저는 23세에 우연히 문화인류학을 만난 일에서는 의미를 찾았습니다. 그때 우연히 문화인류학을 만났기에 그 뒤로 제 인생이 달라졌다고 지금껏 여러 번 이야기했지요. 마찬가지로 미야노 씨와 만난 것에서도 의미를 찾으려 했습니다. 다만 의미를 찾는 법은 매우 달랐습니다. 미야노 씨와 만난 일에서는 그 이상의 의미를 찾아야 했기 때문입니다.

저는 문화인류학과의 만남에서 더 이상 의미를 찾지 않는데, 그 뒤로 아무리 큰일을 겪은들 제가 살면서 찾아온 의미들의 범위 내에서 대응할 수 있었기 때문입니다. 그런데 미야노 씨와 만나고 겪은 일들은 제가 지금껏 찾은 의미로 대응할 수 없었기에 또 다른 의미를 찾아야 했습니다. 게다가 문화인류학과의 만남은 학문이라는 지知의 체계에 속한 데 비해 미야노 씨와의 만남에는 불확정성을 잔뜩 내포한 타인이 있었기에 더 많은 의미를 찾아야 했지요.

미야노 씨는 그간 편지에서 그러지 않을 수 있었음에도 '불구하고' 그렇게 되는 것의 불가사의함에 대해 수차례 이야기했습니다. 예를 들어 여덟 번째 편지에는 다음처럼 적었지요.

중요한 점은 '암에 걸릴 수도' 혹은 '암에 걸리지 않을 수도' 있었음에도 '불구하고', 결국은 제가 암에 걸려버렸다는 사실입니다. '불구하고'로 표현하는 반전, 이 역접이야말로 제가 유방암에 걸려버린 사실을 우연으로서 받아들인 사정의 실체입니다. 구키 슈조는 계속해서 인간이 '그럼에도 불구하고 일어나는 일'을 어떻게 받아들이며 살아가는지 질문했습니다. 저 역시 그 문제를 고민해왔지요.

미야노 씨가 암에 걸리지 않을 수도 있었음에도 '불구하고'

암에 걸려버린 우연에 의문을 품었다면, 저는 미야노를 만나지 않을 수 있었음에도 '불구하고' 만나버린 우연에 질문을 던져 왔습니다.

미야노 씨는 문예공화국 모임의 심포지엄에 오지 않을 수 있었습니다. 저에게 암을 숨길 수도 있었습니다. 편지 교환을 제안하지 않을 수도 있었지요. '그럼에도 불구하고' 그 모든 일들이 뒤집혀서 제 앞에 나타났습니다. 저에게는 커다란 수수께끼입니다. 저는 제가 우연히 문화인류학과 만나서 전공을 바꾸고 문화인류학자로 일을 해온 것에서는 필연성을 찾아내어 이해했습니다. 하지만 미야노 씨와 만나고 그 뒤에 벌어진 일들에서는 도무지 필연성을 찾아낼 수 없었습니다.

필연성을 찾아내지 못한 이유는 얼마든 꼽을 수 있습니다. 우선 저는 미야노 마키코의 존재를 안 지 9개월이 채 되지 않습니다. 실제로 만난 건 다섯 차례에 불과하지요. 미야노 씨는 함부로 자신을 드러내지 않는 분이라 당연히 자신의 병도 공연히 남한테 얘기하지 않습니다. 미야노 씨가 병에 대해 대화하고 싶은 상대를 찾는다면 저 같은 풋내기보다는 서로 오랫동안 알고 지내며 착실히 관계를 쌓아온 지인이 적절할 것입니다. 저보다 훨씬 자연스럽게 배려해주고 풍부한 말을 적확하게 하는, 스마트한 사람이 수없이 있겠지요. 필연성을 고려하면 저는 미야노 씨의 대화 상대에서 가장 동떨어진 인물입니다. 그럼에도 '불구하고' 모든 요소가 반전되어 제가 미야노 씨를 상대하게 되었습니다.

'영문을 모르겠네.' 이렇게 생각했지만 편지를 시작했을 무렵에는 그래도 여유가 있었습니다. 병에 대해서 듣는 것은 제 연구 행위에 포함되기도 하니까요. 게다가 저와 미야노 씨 사이에는 그다지 관계성이 '없기' 때문에 제가 표준치료를 마친 미야노 씨를 살아 있는 자들의 세계에 묶어두려고 다짜고짜 대체요법을 들이밀며 곤란하게 할 일도 없었습니다.

아무것도 '없기' 때문에 저는 미야노 씨가 사라진다 해도 슬픔에 못 이겨 무너질 염려가 없었습니다. 무정한 말 같겠지만, 아무것도 없어서 비로소 말을 꺼낼 틈이 열리기도 합니다. 그런 점을 고려하면 어쩌다 보니 제가 적임자였을 것입니다. 편지를 처음 쓰던 무렵 저는 '어쩌다 보니'라는 설명으로 우리 만남의 불가사의함을 뛰어넘었습니다.

그런데 제가 예상하지 못한 일이 생겼습니다. 진지하게 공을 주고받는 사이에 예상보다 우리의 관계성이 깊어졌다는 것입니다. 우리에게는 그럭저럭 20년 동안 쌓아온 연구 실적이 있으니, 그 경험을 활용해 진지하게 글을 주고받다 보면 관계성이 깊어질 것이라고 예상하기는 했습니다. 하지만 편지를 시작할 때만 해도 다이어트나 연애 등 전혀 다른 주제도 풍부히 다룰 예정이었기 때문에 편지가 이런 방향으로 흘러가리라고는 상상조차 하지 못했습니다. 그리고 단순히 미야노 씨와 편지를 주고받는 것 자체가 무지무지 재미있었고요. 그 때문에 결과적으로 관계가 깊어지고 말았지요.

말은 이렇게 했지만, 관계가 깊어진 것이 우리 만남에서 겪은 가장 큰 충격은 아닙니다. 저에게 가장 큰 충격은 관계가 깊어지는 데 비례하듯이 미야노 씨의 몸 상태가 점점 나빠졌다는 것입니다. 우리가 말을 놓기 시작한 것은 5월 중순이 지날 무렵이었습니다. 그 무렵 미야노 씨는 일상에서도 숨이 가쁘기 시작했고, 그 일주일 뒤에는 모르핀을 쓰기 시작했습니다. 함께 출판사에 가기 이틀 전에는 뼈에 암이 전이된 게 발견되었고, 서로 사생활에 대해서도 이것저것 얘기하게 된 6월 초에는 모르핀이 듣지 않을 만큼 통증이 심해져 호흡 곤란에 괴로워하는 날이 늘어났습니다. 이 모든 일이 한 달 사이에 일어났습니다.

갑자기 몸 상태가 나빠질 가능성은 알고 있었습니다. 하지만 저에게는 '지금 그렇게 되는 거야?' 하는 느낌도 있었습니다. 사이가 좋아질수록 몸속에 죽음이 꿈틀대는 사람과 그렇지 않은 사람 사이에는 뛰어넘을 수 없는 타자성이 압도적으로 넓게 퍼지고, 이해하지 못할 일이 늘어납니다. 상대방이 소중해질수록 그 사람에게 "안녕."이라 인사할 날의 감촉은 점점 뚜렷해집니다. 그런 이야기는 영화나 소설 속에만 있어도 괜찮습니다. 실제 인생에, 심지어 제 인생에 일어날 필요가 없음에도 '불구하고' 그 일이 일어나버렸습니다. 후쿠오카의 이벤트에서 나왔다는 "무슨 뜻인지 모르겠어요." "카오스." "대체 무슨 소리예요." "엉망진창이네."라는 표현을 그대로 저의 지난 두 달에 써먹고 싶습니다.

왜 제 인생에 만남의 설렘과 상실의 공포가 동시에 일어난 건가요?

그렇게 혼란스러운 와중에도 저는 두 달간 일어난 일련의 일들을 필연으로 받아들이기 시작했습니다. 그 바탕에는 저와 미야노 씨 사이의 기묘한 공통점과 서로 맞물리는 여러 일들이 있습니다. 나이는 겨우 한 살 차이에 성과 이름은 한자가 한 글자씩 겹칩니다. 둘 다 왼손잡이고, 생일은 7월에 11일밖에 차이가 안 나지요. 어머님들도 나이가 같고요. 미야노 씨가 저희 집에 놀러 온다면 지금껏 나아밖에 떨어뜨린 적이 없는, 역시 왼손잡이였던 할머니의 재가 들어 있는 상자*가 깜짝 놀라 떨어질 것입니다.

2014년 미야노 씨는 『왜 우리는 사랑하며 살아가는가』[**]에서 성性이라고 하는, 자신과 타인이 노골적으로 뒤섞이는 것의 의미가 무엇인지 파고들었습니다. 그로부터 1년 뒤 저는 『왜 평범하게 먹을 수 없는가』에서 사람이 좋든 싫든 '먹다'라는 행위와 엮이는 순간의 의미를 파악하려 했지요. 그리고 지난 두 달간 계속 우연을 일으키며 저를 혼란스럽게 한 '현실이 생겨나는 지점'에는 인생을 걸고 우연을 탐구한 철학자가 있었습니다.

필연성으로는 도무지 대처할 수 없는 만남과 사건의 연쇄, 그 이면에는 일어나지 않을 수 있었던 이런저런 일들이 서로 맞물리면서 생겨난 여러 우연이 있었습니다. 그렇기 때문에 저는 그 우연들을 그러모아서 필연이 생겨나는 지점으로 삼고, 그것에서 제가 겪은 만남의 의미를 찾아내려 했습니다.

친밀한 관계를 표현하는 말들은 많지만 어떤 것도 딱 들어맞지 않았습니다. 이건 아냐, 저것도 아닌데, 하나하나 부정하며 나아갔습니다. 그 끝에 "그렇구나, 또 다른 자매가 와카야마에서 자라난 거구나." 하는, 흩어진 영혼의 이야기에 다다랐지요. 미야노 씨와 만나서 함께 선을 그리며 겪은 영문 모를 일들은, 제

---

[*]   일본에서는 돌아가신 분을 화장하고 난 유골 중 일부를 집 안의 불단에 안치하는
       경우가 있다.
[**]   『なぜ、私たちは恋をして生きるのか』ナカニシヤ出版 2014.

가 스스로 영혼의 이야기에 뛰어듦으로써 운명이 되었습니다. 그리고 아직도 저는 그 이야기 속을 살아가고 있습니다.

'나에게 미야노 마키코는 어떤 사람인가?' 어째서 저는 이 질문에 이토록 얽매였을까요. 그 이유는 틀림없이 미야노 씨의 병 때문입니다. 미야노 씨가 저처럼 건강한 사람이었다면 '영문은 모르겠지만, 엄청 재미있는 사람이랑 만난 덕에 즐거운 일이 일어나고 있어.'라며 대수롭지 않게 넘겼을 것입니다. 하지만 미야노 씨와의 만남은 그렇지 않았습니다. 무슨 수를 써도 그 끝에 작별이 있기 때문에, 그런 미래를 보며 걸어가야 하기에, 저는 출생 시까지 거슬러 올라가서 신화적인 긴 시간을 만들어냈습니다. 그 시간 속에 미야노 씨의 자리를 만들고, 저 역시 나름의 자리에 저만의 방법으로 뛰어들었습니다. 그러지 않았다면 저는 만남과 이별의 충격이 동시에 분출되는 길을 나아가지 못했을 것입니다.

그렇지만 지어낸 이야기 속으로 스스로를 던져 넣는다고 해서 관계 만들기 매뉴얼을 얻을 수는 없었습니다. 그런다고 무언가 딱히 바뀌지도 않았습니다. 무엇보다 이와 같은 관계를 맺을 여지가 제 내면에 있다는 걸 최근까지 몰랐기 때문에 미야노 씨가 사라졌을 때 제가 과연 어떤 상실을 체험하게 될지 상상도 할 수 없습니다.

물론 제가 시간을 들여서 다져온 제 인생의 기반, 즉 가족과 파트너와 맺은 관계는 여전히 양호하니 결국에는 괜찮을 것입니다. 다만 처음 편지를 쓰던 5월에만 해도 있던 여유가 완전히 사라졌기 때문에 미야노 씨가 사라지면 극심한 충격을 받을 건 틀림없겠지요. 그래도 제가 찾아낸 이야기 속에 뛰어듦으로써 각오가 굳어졌습니다. 애초에 우리의 만남은 정해진 운명이었으니, 미야노와는 영혼을 나눈 사이이니, 앞으로 미야노가 어떻게 되든, 우리의 이별이 죽음 때문이든 싸움 때문이든 별 이유가 없든, 무슨 일이 벌어져도 저는 전부 받아들일 셈입니다. 그리고 미야노가 남긴 혼을 내가 똑바로 계승해서 살아가자고 결심했습니다.

  말은 이렇게 해도 제가 가장 바라는 것은 따로 있긴 해요. '미야노, 이소노보다 장수하다.'

  미야노 씨가 지금 제 이야기를 어떻게 생각할지 궁금합니다. 미야노 씨는 타인의 이야기에 휘말리거나 타인을 자신의 이야기로 끌어당기는 걸 싫어하는 모양이니까요. 누군가는 이상하게 여길지 모르는 제 이야기의 등장인물이 되는 걸 싫어할 수도 있겠습니다. 그런 이야기 속에 자신을 두어 안정시키기보다는 우연에서 비롯되는 혼란을 즐겨야 한다고 말할 것 같기도

정말로 갑자기 병세가 악화되었습니다

하고요.

그렇지만 당신이야말로 저를 당신의 인생에 있는 대로 끌어당겼으니, 제 이야기에 이 정도 휘말리는 건 좀 봐줬으면 좋겠습니다. (물론 농담입니다. 실제로는 휘말렸다기보다 저도 모르는 새 미야노 씨의 이야기 속에 있었던 것 같습니다.)

미국의 문화인류학자 클리퍼드 기어츠Clifford Geertz가 남긴 무척 유명한 말이 있습니다. "사람은 스스로 엮은 의미의 그물 속에서 살아가는 동물이다." (엄밀하게 말해 제가 지닌 번역문에는 '엮은', '그물 속에서'가 아니라 '둘러친'spun, '그물에 걸려서'라고 쓰여 있습니다. 특히 후자는 원문에도 '매달리다'라는 뜻의 'suspended'로 쓰였지만, 저는 '엮은'과 '그물 속에서'로 받아들였습니다.)

저는 이 말을 무척 좋아하는데, 이유가 두 가지 있습니다.

우선 클리퍼드 기어츠가 타인이 아닌 자신이 만들어낸 의미 속에서 사람이 살아간다고 했다는 점입니다. 다른 하나는 번역문에 '의미의 그물'이라고 쓰인 대목이 원문에는 'webs of significance'라는 사실입니다. 'significance'에는 '의미'라는 단어 이상의 '의미'가 있습니다. significance의 유의어로 essence본질, importance중요성, noteworthiness주목할 만한 등이 나란히 있는 것만 봐도 명백하지요. 스스로 의미를 만들어내어 그 속을 살아가는 인간 삶의 비할 데 없음과 그 의미의 아름다움. 기어츠는 글을 쓰면서 이런 것들을 칭송하고 싶었던 것 아닐까요.

만약 운명이 정말로 있다면 무엇일까요. 인생에서 닥치는 영문 모를 일을 받아들이고 단순한 연결점이 되지 않으려 저항하면서 사람들과 진실하게 마주하고 함께 발자취를 남기며 살아가겠노라 각오하는 용기가 바로 운명인 것 같습니다. 그리고 자신의 운명에서 찾아낸 의미를 타산하지 않고 벚나무를 심는 산골 사람들처럼 머나먼 미래로 이어지는 선 위에 짜 넣으면, 비로소 그 의미는 'webs of significance'라고 부르기에 걸맞지 않을까요.

그 때문에 저는 지금껏 제가 했던 일들에 얼마나 죄가 많았는지 통감합니다. 저는 여태까지 타인의 과거에 대해 실컷 듣고 이야기로서 묘사해왔습니다. 물론 제가 들은 것을 문자로 남길 때는 가능한 말한 이의 표현을 살리면서 그 사람이 봤을 세계를 펼쳐 보이려고 노력합니다. 하지만 그렇기에 더더욱 제가 묘사하는 이야기는 그 사람이 실제로 살았을 이야기의 잔재에 불과합니다.

그럼에도 불구하고 저는 문장을 고치고 비판받을 법한 표현을 배제하면서 마치 살아 숨 쉬는 인물이 있는 듯한 이야기로 만들었고, 때로는 멋지게 이론적 표현을 덧붙여서 대중에게 공개했습니다. 제가 쓴 이야기를 읽은 사람이 무언가 느끼기도 하는데, 그것은 동시에 제 '업적'의 일부가 되었지요.

미야노 씨는 종종 철학자의 업이라는 말을 했습니다. 인류학자에게 그런 업이 있다면, 자신을 위한 일임에도 사회적 의의라고 포장하면서 타인의 인생을 텍스트로 변환하여 모두가 보는 진열대에 두는 것이겠습니다. 여덟 번째 편지에서 미야노씨는 "불쾌하기까지"라는 말을 썼는데, 저는 최근 타인의 말을 듣고 이야기로 묘사하여 결국에는 업적으로 삼는 것과 이야기 속을 살아가는 것의 본질적인 차이를 직접 느끼면서 제가 해왔던 일들이 얼마나 불쾌한 것인지 통감하고 있습니다.

자, 서론이 너무 길었습니다만 지금부터는 제 이야기를 미야노 씨에게 분석 재료로서 맡기겠습니다. 저는 이번 편지에서 다음과 같은 의문에 저 나름 답해보려 했습니다.

사람은 어떤 때에 인생에서 의미를 찾고 운명을 발견해내는 가. 운명을 받아들인다는 말이 그저 멍하니 사는 걸 뜻하지 않는다면, 사람은 운명 속에서 어떻게 결단을 내리며 살아가는가. 언제 닥칠지 모르는 만남과 죽음, 상실의 우연이 운명 속에 존재하게 될 때 사람은 어떻게 살아갈까.

그렇지만 이쯤이 제 한계입니다.

이런 질문들이야말로 미야노 철학의 전문 분야라고 생각하기에 에이스에게 펜을 양보하게 해주세요. 제 이야기는 미야노 씨가 갑자기 아프게 된 궤적의 이면에 존재하니, 앞선 질문들을 생각하기 위한 알맞은 분석 재료일 것입니다.

다만 제가 단순하게 포기했다는 뜻은 아닙니다. 타인의 말을 듣고 행동을 관찰하여 텍스트로 묘사해왔던 인류학자가 신뢰와 경의를 담아 도전하는 것이기도 합니다. 추상도 높은 논의가 특기인 철학자가 현재진행형으로 살아가는 인간의 이야기를 분석하면 어떤 결론이 나올까. 철학자의 업이라는 둥 자아도취적인 말을 할 거면 인류학자의 업까지 짊어져보세요. '그럼에도 불구하고'가 가득한 삶에서 선을 그리며 살아가는 것이란 무엇인지 당신의 언어로 철저하게 분석해주세요. 그렇게 철학자의 악행이라는 것을 마음껏 펼쳐 보여주세요. 고통 속에서 죽음과 접하며 말로 표현할 길을 찾고 있는 철학자가 그 고통 너머 수많은 점들이 있는 세계를, 머나먼 미래를 그렸을 때 비로소 나타나는 풍경을 보여주세요. 우연과 함께 인생을 달려왔던 철학자 미야노 마키코의 삶과 실력을 맘껏 발휘해주세요.

그리고 그것을 모두 써낸 다음에는, 당신의 글이 세계에 어떻게 전해지는지 지켜보기 위해 다시 함께 살아가요.

　미야노 씨의 병이 악화된 뒤로 저는 같은 말을 수없이 마음속으로 외쳤습니다. 그 말은 '그 녀석이 간단히 죽을 리 없어.'라고 제 자신에게 들려주는 말의 반전이기도 했습니다. 그러니 마지막 역시 그 말로 맺겠습니다.

　오직 너만 자아낼 수 있는 말을 글로 남겨.
　그 글이 세계에 어떻게 닿을지 지켜보기 전까지,
　절대로 죽지 마!

2019년 6월 27일
둘도 없는 만남과 비할 데 없이 짜릿하고 설레는 시간을 준
철학자 미야노 마키코에게 형언할 수 없는 감사를 담아
인류학자 이소노 마호 드림

타산으로는
다다를 수 없는 곳이 있다.

영혼의 인류학자

최근 두 달, 이소노 씨에게는 터무니없는 시간이었지요.

이소노 씨를 끌어들인 책임은 물론 통감합니다. "우연에서 비롯되는 혼란을 즐겨야 한다"고 말할 까닭도 없습니다. 저는 이런 일을 예상하지 못했다고 말해왔지만, (예상할 수 있을 리가요.) 실은 거의 확신범에 가깝게 당신을 끌어들이지 않았을까 생각하기도 합니다. 언젠가 이런 상황이 닥쳐 이런 세계가 열릴 타이밍이 우연히 찾아들 것이다. 저는 그 타이밍을 숨죽인 채 기다리며 가늠했는지도 모릅니다.

저는 분명히 제가 타인의 이야기에 휘말리거나 제 이야기에 타인을 끌어들이는 걸 싫어하고 무서워합니다. 다만 '일방적'으로 휘말리거나 끌어들이는 것에 대한 거부입니다. 자기와 타자가 만나면 각자 어떻게 자신의 이야기를 자아낼까, 그 이야기에서 어떻게 각자 선을 그려갈까. 저는 이런 물음이야말로 중요하다고 생각하며 그 과정을 볼 수 있길 염원합니다.

왜냐하면 그렇게 그려진 선과 연결되었다고 느꼈을 때, 우리는 살아갈 힘을 얻을 수 있다고 생각하기 때문입니다. 실제로 제가 이소노 씨와 만나 죽음이 다가오는 소리를 생생하게 듣게 된 최근 한 달 동안 그에 대한 이해가 더욱 깊어져서 그리 생각하게 되었습니다.

이소노 씨는 '나에게 미야노 마키코는 어떤 사람인가?'라고 자문했습니다. 만남과 상실이 동시에 닥치는 '엉망진창'을 살아가기 위해 자신이 태어난 시점까지 거슬러 올라갔습니다. 도무지 영문을 알 수 없는 이 상황을 받아들이려고 했지요.

그 무렵 저는 너무 나약하고 한심한 욕구에 휩쓸릴 뻔했음을 고백합니다. 그것은, 나라는 존재를 그만 놔버리고 싶다는 욕구였습니다.

좀더 단순하게 말하면 '전부 포기하고 죽어가는 암 환자가 되고 싶다.' '그냥 돌봄만 받고 싶다.' '이제 다 끝났다고 말하고 싶다.' 같은 욕구입니다. 스스로를 놔버리고 100퍼센트 환자가 되어서 괴롭고 힘들다며 자기 속으로 틀어박히고 싶었습니다.

훨씬 편하니까요. 그렇게 하면.

압도적으로 비대칭적인 관계에서 제가 돌봄을 받을 뿐인 약자가 된다면 모두들 친절하게 해줄 것입니다. 돌봄이 필요한 약자가 괴롭고 힘들다며 자기 속에 틀어박혀서 주위의 친절에 기대면 돌봐주는 사람들은 건강한 강자이니 어느 정도 받아주겠지요? 그러면 '돌보는 자―돌봄을 받는 자'라는 고정적인 형식이 생겨나고, 그 매뉴얼을 따르면 일단 시간을 보낼 수 있습니다. 하지만 그런 관계는, 전혀 행복하지 않겠죠. 그야말로 '돌보는 자―돌봄을 받는 자'라는 점과 점에 고정되어 옴짝달싹하지 못한 채 끝을 향해 흘러가는, 물리적인 시간을 보낼 뿐인 일방적인 관계. 죽음이라는 정해진 미래에 시선을 빼앗긴 나머지 본래 시간 속에 있었던 운동과 그 시작을 잊고, 말 그대로 한 발 앞서 죽어버린(아직 죽지 않았는데도!) 세계. 그런 세계에는 자기와 타자가 관계를 맺을 때 생겨나는 시간의 '두께'가 없습니다.

이소노 씨는 시간의 '두께'를 "운동이 그린 선에 남은 발자취의 깊이"라고 썼습니다. 시간이란 물리적 시간과 발자취의 깊이를 "곱한 것"이라고요. 저도 동의합니다. 이소노 씨의 말에서 중요한 것은 무엇보다도 '곱하기'겠지요. '곱하기'라는 말이 점 대 점의 형식으로 상대방과 관계를 맺는 것을 뜻하지는 않을 것입니다. 내 앞의 상대와 다양한 방법으로 마주하고 자신이 파악한 상대에 '맞추어' 상대를 향해 '운동'하는 '행위'를 '곱하기'라고 표현한 것 아닌가요.

물론 그 '행위'를 하는 사람은 '나'일 수밖에 없습니다. 그렇지만 행위를 하는 나는 점이 아닙니다. 운동을 하는 '나'입니다. 비대칭적인 점과 점의 관계에서는 '곱하기'라고 하는 동적인 행위가 생겨나지 않습니다. 돌봄을 받을 뿐이고 자기 속으로 틀어박힌 나는 운동하는 '나'이길 포기한 셈이기 때문입니다.

그런데요, 최근 한 달 동안 아, 힘들어, 운동이니 선이니 내 버리고 싶어, 전부 내맡기고 싶어, 하고 약한 마음이 들 때마다 제가 발자취를 남겨왔던 세계와 지금까지 만났던 사람들이 그러지 못하게 했습니다. 그 무엇보다도 이소노 마호라는 존재가 온몸으로 자아낸, '함께 발자취를 남기며 살아감'으로써 생겨난 말들이 저를 이 세계에 붙들어주었습니다.

게다가 왠지 이 타이밍에 이런저런 일들이 진행되기 시작했습니다. 우리 편지의 출간을 서두르는 출판사 사람들, 지난주의 혼란스러운 이벤트에서 비롯된 새로운 움직임, 제 박사 논문의 단행본화*에 또 다른 책도 기획되고 있습니다. 한편으로는 쉬

---

*   2019년 9월 호리노우치출판에서 『마주침의 아련함(出逢いのあわい)』으로 출간되었다.

고 있는 저를 위해 학생들이 스스로 수업 계획을 세우고 활동하기 시작했지요.

물론 일련의 일들에 관계된 사람들이 저의 상황을 자세히 알고 있지는 않습니다. 그저 지금까지 제가 '발자취'를 남기기 위해 조금씩 모두에게 해왔던 것들이 서로 연결되기 시작해서 어쩌다 이 타이밍에 분출된 것입니다. 조금 자랑스럽게 말하면 제가 '이 세상에서 만난 사람들과 진실하게 마주하고 함께 발자취를 남기며 살아가는 행위'를 해온 끝에 받은 사소한 상이라고 생각합니다.

지금 저는 '시작' '움직임' '기획' '활동' 등을 적었습니다. 그렇습니다. 세계는 이처럼 언제나 새로운 시작으로 가득 차 있습니다.

일방적으로 흐르는 시간에서 점이 되어 위험성을 계산하고 합리적으로 인생을 계획하여 타자와 일정한 형식대로 관계를 맺으려 할 때, 혹은 자기만의 이야기에 틀어박히거나 타인에게 모든 걸 내맡길 때, 우리는 새로운 시작을 눈치챌 수 없습니다. 하지만 우리가 살아가는 세계란, 본래 시작으로 가득한 곳입니다. 그런 세계에 나와서 타인과 만나 운동을 일으키는 와중에 '나'라는 존재가 성립됩니다. 그 만남을 받아들이는 동안에 비로소 '나'가 존재합니다.

이소노 씨라면 그 받아들임을 '선을 그린다'고 말하고 '발자취를 새긴다'고 표현하겠지요. 제가 우연성을 받아들이는 삶의 의미를 철학적으로 묻고 계속 이야기한 것은 바로 우연에서 그려지는 선과 발자취를 남기는 '나'의 소중함을 전하기 위해서였습니다.

그곳에 있는 '나'는 '열려 있는' 존재라 만남을 받아들이고 선을 그리기 위해 세계를 향해 걸음을 딛습니다. 시작은 바로 그곳으로 찾아듭니다. 그리고 저는 그 시작을 '발자취'로서 새기고 자신에게로 되돌려서 받아들이며 살아갑니다. 이 연쇄 작용과 계속되는 연결 속에 있는 것이 바로 선을 그리는 것이며, 그럼으로써 세계는 그물처럼(webs!) 이어집니다.

그렇다면 그물 속에서 살아가는, 우연한 만남에 '열려 있는 자신'이란 대체 무엇일까요. 해답의 열쇠는 이소노 씨가 언급했던 "흩어진 영혼"이라는 말에 숨어 있습니다.

이 편지의 서두에서 저는 거의 확신범에 가깝게 이소노 씨를 끌어들였을지도 모른다고 했지요. 지금 새삼 생각합니다. 역시 기다렸다고. 이소노 마호라는, 나와 영혼을 나눠 가진 사람과 만나기를.

"흩어진 영혼"이라는 말은 철학자인 제가 보기에 패나 충격적입니다. 지금까지 연구자 인생을 돌이켜보면 제가 '영혼'이라는 단어를 쓸 줄은 상상도 하지 못했습니다. 그런데 사실 제가 연구해왔던 구키 슈조는 젊은 시절부터 혼을 나누어 가지는 것과 윤회에 대해 말했습니다.

뜬금없지만 구키는 이른바 신화적인 의미에서 사람의 영혼이 윤회하는 시간 속에 있다고 생각했습니다. 지금 눈앞에서 마주한 당신과 나는 오래전에 만났을지도 모른다며 만남의 불가사의함을 찾아냈지요. 구체적으로 말하면 데자뷔를 체험하는 듯한 '음? 이걸 왜 알고 있지?' 하는 느낌을 떠올리면 되겠습니다. 윤회하는 시간 속에서 아주 오래전 만났던 사람과 다시 만나는 게 아닐까. 젊은 시절 구키 슈조는 이런 신비로운 이미지를 영혼을 나누어 가지는 것과 윤회로 이야기했습니다.

지금껏 저는 구키 슈조의 그런 이야기를 좀 수상한 형이상적 측면으로 여기며 거의 주목하지 않았습니다. 하지만 그렇지 않았습니다. 구키 슈조가 '우연성'이라는 개념을 '근원적 사회성'으로 표현하면서 보려 했던 것은 '영혼을 나눠 가진다'는 '운명'이었음을 20년 넘게 연구한 지금에야 겨우 알겠습니다.

서두가 꽤 길어져버렸습니다. 저는 이제 이소노 씨의 질문을 반복해서 살펴보며 제 철학자 경력을 걸고 답해보려고 합니다.

사람은 어떤 때에 인생에서 의미를 찾고 운명을 발견해내는가. 운명을 받아들인다는 말이 그저 멍하니 사는 걸 뜻하지 않는다면, 사람은 운명 속에서 어떻게 결단을 내리며 살아가는가. 언제 닥칠지 모르는 만남과 죽음, 상실의 우연이 운명 속에 존재하게 될 때 사람은 어떻게 살아갈까.

이에 대해서 이소노 씨는 다음처럼 답하고 저에게 공을 던져주었습니다.

만약 운명이 정말로 있다면 무엇일까요. 인생에서 닥치는 영문 모를 현상을 받아들이고 (…) 함께 발자취를 남기며 살아가겠노라 각오하는 용기가 바로 운명인 것 같습니다. (…) (그것을) 머나먼 미래로 이어지는 선 위에 짜 넣으면, 비로소 그 의미는 'webs of significance'라고 부르기에 걸맞지 않을까요.

자, 구키 슈조는 두말할 필요 없이 『우연성의 문제』를 쓴 철학자이지만, 그가 최후에 다다른 것은 '운명'에 대한 문제였습니다.

우리의 인생에는 우연이 가득합니다. 아니, 애초에 우연밖에 없지요. 다만 우리는 사소한 우연 하나하나에서 의미를 찾지 않고 가볍게 넘기며 살아갑니다. (오늘 먹은 빵이 단팥빵이든 크림빵이든, 어쩌다 보니 내 눈에 띄었을 뿐 전혀 중요한 일은 아닙니다.) 하지만 무언가 중대한 문제를 정해야 할 때, 혹은 내 힘으로는 어쩔 수 없는 큰 사건(병, 자연재해, 연애, 임신 등)과 직면했을 때, 우리는 인생에 등장한 우연의 터무니없음에 망연자실합니다. 그래도 우리는 우연을 받아들이고 살아가야 합니다. 그때 우리는 스스로 결정하는 것이 얼마나 어려운지 깨닫습니다.

그렇다면 '결정'이란 대체 무엇일까요. 몇 가지 선택지 중에 하나를 골라서 스스로 납득하는 것일까요? '당신이 결정한 일'이고 당신 자신의 책임이니 혼자서 짊어지세요. 이 말은 책임 소재가 '나'에게 있다고 하는 것이겠지요. 일반적으로는 그렇게 여길 것입니다. '당신이 결정한 일이니까'라고 말할 때, 그 배경에는 '당신이 결정한 일'은 당신 자신이 책임져야 하고 혼자 짊어져야 한다는 사고방식이 있습니다. 여기에서 '나'는 꽤나 잘 완성된 강한 존재일 것입니다. 처음부터 '나'는 우연을 받아들이는 확고한 존재로 상정되어 있지요. 그런데 우리는 과연 처음부터 강한 존재가 되어 있을까요.

다시금 생각해보고 싶습니다. '결정'이란, 혹은 그와 가까운 '선택'이란 과연 무엇일까요?

매우 당연한 말이겠습니다만, 선택하기 위해서는 선택지가 필요하고 그중 하나로 결정되지 않은 불확정한 상태여야 합니다. 다시 말해 선택이란 불확정성, 우연성을 허용하는 것입니다. 그런 상황에서 무엇을 어떻게 선택하고 결정하라는 것일까요. 필사적으로 위험성을 계산하려 할지도 모르겠습니다. 성공을 보장할 듯한 길을 계산으로 도출해 선택할까요? 아니면 실패가 무서우니 커다란 변화를 일으키는 선택지는 피할까요? 하지만 무엇을 선택하든 잘될지 어떨지는 모릅니다. '선택'에는 늘 불확정한 것이 따라붙는 법이니까요.

결국 우리는 때마침 나타났을 뿐인 우연을 마치 만들어진 '일'인 양 선택할 수 없다는 말입니다. 그렇다면 대체 우리는 무엇을 선택할 수 있을까요? 불확실한 인생이 어떻게 변해야 받아들일 수 있겠는가, 어떤 나를 허용할 수 있겠는가, 이런 질문밖에 할 수 없습니다. 이렇게 질문하며 선택하는 것입니다. 그러니 선택하는 순간 '나'라는 존재는 확정되어 있지 않습니다. 선택함으로써 '나'를 발견하는 것입니다. '그건 당신이 정했으니까' 같은 말로는 선택을 설명할 수 없습니다. 선택이란 '고르고 결정한' 끝에 '나'라는 존재가 태어나는 행위라 할 수 있습니다.

지금까지 쓴 내용을 정리하면 다음과 같습니다. 선택이란 우연을 허용하는 행위다. 그때 우리는 선택에 해당하는 일만 결단하는 것이 아니다. 불확실성과 우연성까지 포함한 일 전체에 대응하는 삶의 방식을 결단하는 것이다. ○○한 사람이니까 △△를 고르는 것이 아니다. △△를 골랐기에 ○○한 사람이라는 것이 명백해진다. 우연을 받아들일 때야말로 '나'라고 부를 만한 존재가 성립된다.

그래서 구키 슈조는 이렇게 말했습니다. "뚜렷이 나타난 상황의 우연성과 직면하여 정열적으로 자신을 내어주는 무력無力한 초력超力이 운명의 자리"라고요. 풀어서 써보면 스스로는 어쩔 수 없는 우연에 휘말리면서(무력) 그 우연에 대응하는 와중에 자신이란 무엇인지 발견해내고 우연 속을 살아가는 것(초력)이라고 할 수 있습니다.

다만 '무력'이라는 단어에 현혹되지는 마세요. 단순히 두 손들고 항복한 상태를 가리키는 말이 아닙니다. 구키 슈조는 동시에 우연 속을 살아가는 강한 힘(초력)을 강조했고, 초력은 '정열적 자각'이라고 할 만큼 강해야 한다고했습니다.

그렇다면 그 정열, 강한 힘은 무엇일까요. 바로 이소노 씨가 적었던 "연결점이 되지 않으려 저항하면서 사람들과 진실하게 마주하고 함께 발자취를 남기며 살아가겠노라 각오하는 용기"

·

입니다.

구키 슈조는 『우연성의 문제』의 결말에서 우연을 살아가는 것이란 '만나는 것'이며, 그 만남이 "도처에 상호주체성intersubjectivity을 드러냄으로써 근원적 사회성을 구성한다"고 했습니다.

여기서 '만남'은 또 무엇일까요. 무엇과 만나는 것일까요. 당연하지만, 만남이 있으려면 나와 당신이라는 서로 다른 두 사람이 필요합니다. 하지만 만남을 하는 나도 당신도 우연한 만남에 의해 변해버린 사람일 것입니다. 앞서 설명했듯이 우연을 받아들일 때 우리는 '나'라는 존재를 발견하니까요. '나'라는 존재는 그 순간 태어나니까요. 다시 말해 사람은 우연히 만난 타인을 통해서 '나'를 낳는 셈입니다. 보통 자신이라 하면 이미 만들어진 존재를 떠올리지요. 하지만 지금 제가 얘기한 선택되고 발견되고 태어난 '나'는 홀로 성립된 것이 아닙니다. 만나는 시점에서 나와 당신은 모두 완성된 '나'를 지니고 있지 않습니다.

이소노 씨는 최근 두 달 동안 무엇과 만났을까요? 물론 미야노 마키코라는, 암을 앓는 수상쩍은 인간입니다. 심지어 그 인간은 죽음이라는 최상급 우연(재앙이라고 해도 되겠죠)까지 데리고 왔습니다.

그런데 말이죠. 만나지 않았어도, 이 우연을 받아들이지 않았어도 상관없었습니다. 그러는 길도 분명히 있었을 테고요. 얼마든 "이제 그만할래요."라고 할 수 있었습니다. 어쨌든 제 몸 상태가 이 지경이니 그만둘 구실은 잔뜩 있었지요. 이소노 씨는 '그럼에도 불구하고' 많은 일들이 일어났다고 적었지만, 그렇지 않습니다. '그럼에도 불구하고'라는 말에는 다른 가능성이 숨어 있습니다. 전부 없었던 일로 만들 가능성이 있었던 것입니다. 수많은 일이 '일어나지 않을 수 있음에도 불구하고' 전부 반전되어 일어났다는 말, 저는 무척 기뻤습니다.

그 반전이 일어날 수 있던 것은 이소노 씨가 우리의 만남을 받아들이고 '함께 발자취를 남기며 살아가겠노라 각오하는 용기'를 발휘해준 덕입니다. 동시에 제가 자신을 놓아버리지 않고 저와 만나준 당신을 마주 보려 한 덕입니다. 우리는 아마도 서로를 만나는 동시에 자신과도 다시 만났을 것입니다. 이소노 씨가 "이와 같은 관계를 맺을 여지가 제 내면에 있다는 걸 최근까지 몰랐"다고 했듯이, 저 자신이 죽음과 접하면서도 철학자의 업에 따라 말로 표현할 길을 찾을 줄은 몰랐듯이.

어째서 우리는 이런 일을 할 수 있었을까요. 우리가 혼을 나누었으니까요? 좀더 생각해보죠. 최근 두 달 동안 우리에게는 그만둘 타이밍이 없었을까요? 저의 경우를 돌이켜보면, 결과적으로 그런 타이밍은 없었던 것 같습니다. 오히려 앞서 적었듯이 저는 이소노 마호와 만날 타이밍을 기다렸지요.

지금, 타이밍이라고 적었습니다. 우연이 필연이 되고 운명으로 변하는 데 중요한 요소가 하나 더 있습니다. 바로 타이밍입니다. 이따금씩 지적하는 분들도 있는데, '타이밍timing'이라는 단어는 사실 번역하기 매우 어렵습니다. 단순한 '타임time'이라면 물리적으로 흘러가는 시간이라 해도 충분하지만, 거기에 'ing'를 붙여 동명사가 되는 것이지요. 시간이 태어나는, 발생의 움직임이 'ing'로 표현되는 것입니다. 발생하는 시간과 자신이 똑바로 만났을 때, 우리는 시기를 맞췄다거나 시기가 맞아떨어졌다거나 정확한 타이밍이었다고 합니다. 정신의학자 기무라 빈木村 敏은 『우연성의 정신병리』*라는 책에서 다음처럼 설명했습니다.

> 시간이라는 현상을 '타임'이라는 객관화할 수 있는(현실적인) '대상'으로서 이해하는 것 이외에 (…) 시간이란 대상적으로 고정될 수 있는 타임일 뿐 아니라 그때마다 항상 새로운 타임이 생겨나는 것, (…) '대상'으로서의 시간, 사건으로서의 시간, 실재하고 활동하는 actuality 시간을 표현하기 위해 '타이밍'이라는 동명사를 애용하게 된 것이 아닐까.

* 『偶然性の精神病理』岩波書店 2000.

태어나는 시간, 즉 시간의 발생점을 느끼는 미세한 감각이라고 할 수도 있겠지요. 우리는 타이밍 속에서 시간의 발생을 감지합니다. 시기를 맞췄다는 말에서 알 수 있듯 시간의 발생을 붙잡는 자신이 있는 것입니다. 단 여기서 시간의 발생이란 자연적으로 생겨나는 것만을 가리키지 않습니다. 발생하려는 시간을 감지한 우리가 시간을 잡아서 끌어낸 것이라고 하는 게 적절하겠지요.

그렇습니다. '우리'.

이소노 마호와 미야노 마키코가 우연하게 만나 타이밍이라 감지하고 서로가 그것을 붙잡은 순간, 터무니없는 일들이 차례차례 반전되어 일어나기 시작했습니다. 일어나지 않을 수도 있었던 우연한 일이지만, 그렇다고 자연적으로 생겨난 것도 아닙니다. 우리가 우연이 일어날 타이밍을 꿰뚫어 보고 그에 맞춰 발생하는 시간을 움켜잡았기 때문에 우연이 일어난 것입니다. 시간의 발생점을 움켜잡는 것, 우여곡절 끝에 붙잡아 끌어내는 것이야말로 얄팍하게 흘러가는 시간의 가까이에 있는 시간의 두께의 정체라고 저는 생각합니다.

이제야 구키 슈조가 『우연성의 문제』의 결론에 적은 수수께끼 같은 말의 의미를 알 것 같습니다. 구키는 이렇게 적었습니다. "나 자신의 깊은 곳으로 빠져들도록 우연이 때맞춰 해후하게 해야만 한다." 우연은 알아서 자연스레 생겨나는 것이 아닙니다. 자연 발생만으로는 우연이 일어날 수 없으며, 우리가 그곳에 있기에 우연이 일어날 수 있습니다. 각자 끌어낼 용기를 품고, 우연을 필연으로서 받아들일 각오를 지닌 채 만났기 때문입니다. 그 덕에 불가능했을지 모르는 우연이 일어났습니다. 우연과 '해후하게 한 것/마주치게 한 것'입니다. 우리 각자의 용기와 각오가.

우연이 일어나는 상황은 우리 중 누군가만을 위한 것이 아닙니다. 그 상황에서 우리는 새로운 '나'를 발견합니다. 바로 그 때문에 구키 슈조는 우연성을 받아들이는 것이 "무수한 부분과 부분의 관계를 자각"하는 것이며, 구체적인 형태를 갖춘 사회 이전에, 그야말로 영혼을 나누어 가지는 것부터 시작하는 '근원적' 만남이 이뤄지는 상호적인 상황—'근원적 사회성'—이라고 말했던 것입니다.

우리가 살아가는 세계에는 이와 같은 근원적 만남이 가득합니다. 하지만 그 만남을 위해서는 선을 그리겠다는 각오, "연결점이 되지 않으려 저항하면서 사람들과 진실하게 마주하고 함께 발자취를 남기며 살아가겠노라 각오하는 용기"가 필요합니다. 그런 용기를 지니고 우연을 붙잡아 끌어낸다면, 근원적 만

열 번째 편지
정말로 갑자기 병세가 악화되었습니다

남이 가득한 세계에 자신이 만들어낸 의미의 그물을 짜 넣을 수 있습니다.

얼마나 멋진 일인가요. 운명을 살아간다는 것은 세계를 향해 뛰어드는 것입니다. 뛰어드는 순간 우리는 이 세계가 온갖 우연이라는 만남에서 '나'를 발견해내어 새로운 '시작'이 태어나는 곳이라는 사실을 알 수 있습니다.

어쩜 이 세계란 이토록 경이로울까, 저는 '시작'을 앞에 두고 사랑스러움을 느낍니다. 우연과 운명을 통해서 타자와 함께하는 시작으로 가득한 세계를 사랑합니다. 이것이 지금 제가 도달한 결론입니다.

이소노 마호 씨, 당신이 말하는 이야기는 결코 당신만의 것이 아닙니다. 발자취를 새길 각오가 있고 새로운 만남을 향해 열려 있는, 사랑이 가득한 것이라고 저는 생각합니다. 지금까지 저의 사색에 함께해주어서, 정말 고마워요.

2019년 7월 1일

철학자 미야노 마키코 드림

전부 스무 통에 이르는 미야노 마키코와 이소노 마호의 편지를 읽어주셔서 감사합니다. 맺음말을 대신하여 이 책의 무대 뒤에서 벌어진 일을 다섯 가지 주제로 좁혀서 잠시 이야기하겠습니다.

우선 첫 번째. 편지를 전부 읽으신 분들은 우리의 관계가 무척 심각하고 때로는 비장감이 넘치는, 각별히 깊은 관계라고 생각하셨을 듯합니다. 물론 그런 면이 있긴 했지요.

그렇지만 돌이켜보면 우리 대화의 대부분은 미야노가 KFC의 프라이드치킨을 재현하려 했다든가 이소노가 체육관에서 오버 페이스를 하는 바람에 녹초가 됐다든가 하는 대수롭지 않은 것들이었습니다. 때로는 다른 사람이 끼어들기도 했습니다. 어쨌든 웃음이 가득했지요. 미야노 씨의 몸 상태가 급격히 나빠진 뒤로도 마찬가지였는데, 대화 내용 중에는 제가 마지막 편지에 적은 혼과 운명에 관한 이야기도 물론 있었습니다.

덧붙이면 저는 그 이야기를 혼자 끙끙 싸매고 있지 않았습니다. '미야노 자매 가설'이라 이름 붙이고는 종종 동생과 파트너에게도 이야기했지요. 제 여동생은 "언니가 한 명 더 생기다니 엄청 든든한데."라며 흔쾌히 기뻐하더니 결국 "미야노 언니! 부디 힘내요!"라고 아무렇지 않게 메시지를 보내기에 이르렀습니다.

한편 이런 일도 있었습니다. 점점 미야노 자매 가설을 확신하게 된 제 파트너가 약 때문에 입맛이 변해서 달콤한 빵을 먹는 게 편한 미야노 씨에게 '추천할 빵과 그 빵에 어울리는 음료 리스트'를 늦은 밤 전력을 다해 작성해서 보낸 것입니다. 미야노 씨는 이튿날 진지하게 그 목록을 실행했고요. 우리 사이에는 이렇게 따뜻한 시간도 흘렀고, 실제로는 그런 시간이 더 많았습니다.

당연하지만 이 책에 실린 우리의 편지에 거짓은 없습니다. 다만 실제로 우리의 관계는 편지에 담긴 것보다 훨씬 입체적이었고, 그 입체성이 바탕에 있었기에 편지를 쓸 수 있었습니다. 용태가 점점 나빠지는 사람과의 관계는 심각할수록 어두침침하고 견디기 괴로운 것이 되기 십상입니다. 그렇지만 몸이 아픈 사람의 일상은 아픔만으로 가득 차 있지 않으며 다른 무언가가 끼어들 여지가 있습니다. 그 여지는 몸이 아플수록 점점 좁아질지 모릅니다. 하지만 몸이 아픈 사람과 그렇지 않은 사람이 함께 여지를 지키려 하는 노력에야말로 만나며 살아가는 삶의 의미가 있다고 저는 생각합니다.

두 번째. 왜 이소노 마호였을까? 미야노 씨가 병에 대해 자세히 밝힌 사람은 일로 얽혀서 꼭 알려야 하는 동료를 제외하면 일곱 명밖에 없었습니다. 다른 사람에게는 정말로 완곡하게 전혀 심각하지 않은 일인 양 이야기했지요. 그래서 더더욱 미야노 씨가 저에게 병에 대해 자세히 밝힌 이유를 알 수 없었습니다. 편지를 쓰다 보면 알게 되려나 생각했지만, 결국 열 차례 편지를 주고받는 동안 미야노 씨는 이유를 적지 않았습니다. 그래서 할 수 없이 얼마 전 직접 이유를 물어보았습니다.

"음, '이 사람이다.'라고 생각했어. 얘기해봐야겠다고. 왠지 잘 받아줄 것 같았거든."

제 질문에 미야노 씨는 이렇게 답했습니다. 그러니까 그냥 느낌이었던 것이죠. 심지어 저희가 처음 만났던 2018년 9월에 벌써 그런 느낌이 들었던 모양입니다. 결국 저는 미야노 마키코의 도박에 걸려든 셈입니다. 그 뒤로 제 기분은 관객의 변덕 덕에 어쩌다 보니 마권이 팔린 인기 없는 경주마 같았습니다. (경마는 하지 않습니다만.)

뭔가 느낌을 받았다고 하지만 미야노 씨가 어느 날 갑자기 눈 녹듯이 병에 대해 훤히 밝히지도 않았습니다. 단계적으로 밝혔는데, 심지어 미야노 씨가 시작하지도 않았습니다. 2019년

이 책의 무대 뒤에서는

2월에 만났을 때 제가 "미야노 씨, 요즘 몸은 어때요?"라고 묻자 제대로 얘기하기 시작했지요. 저는 어쩌면 미야노의 극장에 있었을 뿐인지도 모릅니다. 미야노 마키코, 무서운 사람.

세 번째. 왜 도망치지 않았는가. 미야노 씨는 제가 도망칠 수 있었다고 편지에 적었는데, 저는 그걸 보고서야 '처음으로' 그런 선택지가 있었다는 걸 깨달았습니다. 열 번째 편지에서 본인도 적었지만, 미야노 씨의 몸 상태는 점점 나빠졌습니다. 그런 사람 곁에 있기란 단언하건대 그리 편한 일이 아닙니다. 그러니 저는 '어른의 빈말'을 남기고 도망칠 수도 있었지요.

왜 그러지 않았을까요. 별다른 이유는 없습니다. '이 사람은 어쩜 이렇게 아름다운 풍경을 보여줄까. 앞으로 이 사람은 무엇을 그려낼까.' 굳이 가볍게 표현하면 미야노 마키코가 보여주는 세계에 대한 흥미와 관심이 제가 편지를 계속 쓰게 한 원동력이 되었습니다. '도망'이라는 선택지를 미야노 씨에게 지적당할 때까지 몰랐던 것도 그 때문이겠죠.

머지않아 미야노 씨의 박사 논문에 기초한 책『마주침의 아련함』이 출간됩니다. '아련함'이라는 단어로 표현했듯이 미야노 씨가 철학자로서 보려 했던 현상은 아침저녁의 노을처럼 눈을 돌리면 금세 사라지고 마는, 한자리에 머무르지 않는 풍경이었습니다. 그처럼 덧없기도 한 유동적인 현상을 문장으로 표현하면서 그 움직임까지 담기란 쉽지 않습니다. 하지만 미야노씨의 문장에는 그 움직임이 담겨 있습니다. 저는 그 문장에 매혹되었던 것 같습니다.

딱 한 번 "이제 그만하자."라고 말할까 고민한 적이 있습니다. 지난 6월 중순 미야노 씨는 용태가 나빠지며 모르핀을 대량으로 복용해야 통증을 억누를 수 있게 되었는데, 그 결과 아무리 봐도 의식이 몽롱한 것 같았습니다. 그때 그만둘까 고민했지요. 기이하게도 당시에 우리 편지가 책으로 출판될 게 결정되었는데, 그 이상 계속하는 건 저의 이기심일지 모른다고 내적으로 갈등했습니다.

저는 "더 쓸 수 있겠어?"라고 제안했지만, "얕보지 마, 이소노마호."라는 한마디에 호쾌하고 통쾌하게 거절당했습니다. 그 뒤로 아홉 번째, 열 번째 편지가 계속되어 지금에 이르렀지요. 앞서 편지에 담긴 내용은 우리 사이의 일면밖에 안 된다고 했는데, 이 역시 편지에 없는 또 다른 일면입니다.

제가 필사적으로 도망치던 이야기는 따로 있습니다. 바로 '미야노 씨 같은 사람'이 일반적으로 어떻게 되는지 알려주는 의학의 이야기입니다. 저는 의료인류학이 전문 분야이고 현재

일하는 곳도 의료와 관계있는 대학입니다. 그 때문에 군이 알아보지 않아도 '미야노 씨 같은 사람'이 다다르는 미래에 대한 이야기를 꽤 자주 듣습니다. 눈앞에 환자가 없으면, 의학은 더 이상 배려할 필요가 없기에 훨씬 날카롭게 이야기합니다. 설득력 넘치고 이해하기 쉬운 의학의 이야기에 저는 몇 번이고 끌려들어 갈 뻔했지요. 의료를 비판하는 것은 아닙니다. 의료 특유의 냉정함과 날카로움을 갖춘 판단과 대응이야말로 미야노 씨를 비롯해 수많은 생명을 구해냈으니까요.

단, 의료가 이야기하는 미래란 미야노 씨가 목숨을 걸고 때로 그 유혹에 무너질 듯하면서도 저항하여 계속 뒤집어왔던 것입니다. 그러니 저도 '미야노 씨 같은 사람'에 대한 이야기에 발목을 잡힐 수는 없었습니다. 다만 저는 어설프게 의료에 대해 아는 바람에 의료의 이야기를 허언이라며 일축할 수도 없었지요. 의학의 예측이란 그런대로 맞아떨어지니까요.

결과적으로 저는 어떻게 되었을까요. 저는 스스로도 깜짝 놀랄 만큼 대중교통을 이용하지 못하게 되었습니다. 합리적으로 정해진 경로를 따라 가장 빠르게 수송되어버리면, '미야노 씨 같은 사람'의 미래를 예측하는 의학의 논리에 잡아먹힐 것 같았기 때문입니다. 미야노 씨가 움직이지 못하게 되는 것과 반비례하듯이 저는 제 발로 목적지에 가게 되었습니다.

두 가지의 필사적인 도주가 있었습니다. 몸속에서 저항할 수 없을 정도로 강하게 끌어당기는 죽음으로부터 도망치는 것, 그리고 사람들을 한데 묶어서 예측하는 이야기로부터 도망치는 것. 전자에 비해 후자가 비교할 수 없이 가볍다는 것은 굳이 말할 필요도 없지만, 두 가지 모두 소극적인 의미의 도주는 아니라는 공통점이 있습니다. 둘 다 '아마 이렇게 될 것이다.'라는 예측, 시간이 지날수록 강한 필연성을 띠는 예측에 저항하여 어떻게든 예측에서 벗어나는 출발점―무엇인지는 알 수 없지만―을 만들려 하는 것입니다. 모험을 계속하려면 피할 수 없는 도주이자 투쟁이었지요.

네 번째. 미야노 마키코의 현재. 아쉽게도 미야노 씨의 몸은 지금도 나빠지고 있습니다. 7월 7일 새벽, 미야노 씨는 감염증 때문에 병원으로 긴급하게 이송되었고, 그대로 중환자실에 들어갔습니다. 하필 칠석*에 사건을 일으키다니 이벤트를 좋아하는 미야노 씨다웠지요. 현재 일반 병동에 있지만, 어떻게 될지 예단할 수 없기에 특별히 면회는 제한되지 않고 있습니다.

그렇지만 역시 미야노 마키코, 그냥 쓰러지지는 않았습니다.

---

*   일본은 우리나라와 달리 양력 7월 7일에 칠석을 치른다.

미야노 씨는 입원 전날인 6일까지 대학교의 기말시험 출제를 했고, 6일 오전에는 이 책의 서문을 써서 자신이 맡은 임무를 마쳤습니다. 그러니까 꼭 해야 하는 일을 하고 입원한 것입니다. 이미 6일부터 극심한 통증에 시달렸다고 하는데, 도대체 그런 상태로 어떻게 일을 했는지 모르겠습니다. 미야노 씨는 항상 그렇게 자신의 책임을 멋지게 다해왔습니다.

그렇지만 미야노 씨도 이번 중환자실 입원은 만만치 않은 모양입니다. 심야에 심장 마사지 등 연명 처치를 어떻게 할지 질문을 받았고, 혈압이 40까지 떨어져서 생사의 경계를 헤맸으니 당연하지요. 참고로 본인에게 혈압 40의 감상을 물어보니 "의식을 잃으면 끝장이니까 그러지 않으려고 힘냈어."라고 체험담을 들려주었습니다. 초인 미야노, 아직 건재하도다.

초인다운 말을 들었지만, 한편으로는 미야노 씨가 7월 6일까지만 해도 완수하려 했던 미래의 이런저런 일들을 놓아버리겠다고도 해서 좀 놀랐습니다. 상황이 상황이니 당연하다 할 수 있지만, 포기를 입에 담는 미야노 씨는 처음이었습니다. 이번 체험이 얼마나 충격적이었는지, 지금 미야노 씨를 끌어당기는 것이 무엇인지 상상할 수 있었지요. 그럼에도 저는 감염증에서 회복한 미야노 씨가 "그때는 제정신이 아니었어. 아직 좀더 할 수 있지 않을까?"라고 말하는 미래를 기대하고 있습니다. 미야노 씨는 몸이 아픈 뒤로 '보통 이렇게 된다'는 미래를 항상 뒤집으면서 매일매일 지내왔으니까요.

　다섯 번째. 철학자 미야노 마키코에게.

　미야노와 만나고 오늘까지 297일. 나는 그저께처럼 당신의 병실로 가고 있습니다. 왜 가느냐 하면 무려 "소중한 사람을 불러주세요."라는 의사의 호출이 있었으니까. 지금까지의 저라면 이런 상황에서도 "포기하지 마. 아직 할 수 있어!"라고 잘라 말했겠지요. 하지만 아무리 저라도 그렇게 말하지는 못하겠습니다. 미야노가 지금까지 얼마나 힘냈는지 알고 있으니까.

　당신은 거의 말해주지 않았지만, 당신이 노력을 쉬지 않았던 나날 중에는 내일 눈뜨지 못할까 겁먹거나 상상을 초월하는 고통과 호흡 곤란 탓에 전부 때려치우고 싶다고 포기할 뻔한 날들이 며칠이고 있었을 것입니다. 그럼에도 미야노는 그런 날들을 헤치고 우리의 해후에서 이뤄진 약속을 이정표 삼아 발자취를 새겨왔습니다. 지금 당신은 그때보다 훨씬 나쁜 상황에 놓여 있습니다. 그러니 이제 지쳤어, 이제 그만할래, 하고 생각해도 괜찮아요. 당신은 정말로, 정말로, 지금까지 노력했으니까.

　이제 우리의 선을 저 혼자 그리길 바란다면, 운명이라 여기고 받아들이겠습니다. 그 역시 내 각오에 포함되어 있으니 미야노의 영혼까지 짊어지고 내가 제대로 해낼게요. 그런데 아직 미야노가 우리의 글이 어떻게 세계에 전해질지 지켜보길 원한다면, 나는 앞으로 아무리 '미야노 같은 사람들은 필연적으로 그렇게 될 수밖에 없다'는 이야기들을 듣는다 해도 끝까지 저항할게요. '미야노는 달라. 미야노의 이야기가 끝나려면 아직 멀었어.'라고요. 약속을 나눈 한쪽으로서 당신을 삶의 세계에 묶어두기 위해 전력으로 당신을 죽음의 세계로부터 끌고 오겠습니다. 그렇게 함께 저항해줄 사람들은 나뿐이 아니라 당신 주위에 잔뜩 있습니다. 미야노를 전력으로 사랑하는 사람들이 모두 함께 싸우고 있어요.

우리의 이야기는 2018년 9월 불현듯 피어오른 당신의 느낌에서 시작되었습니다. 그리고 그 해후는 작은 시작들을 아주 많이 만들어냈습니다. 작은 시작들이 그려낸 선은 마침내 우리의 첫 만남에서 1년이 지난 시점에 책이 출간된다는, 상상하지 못한 미래를 그려냈습니다.

미야노, 이제 어떡할까?

우리의 발자취가 나아갈 길, 저는 에이스에게 맡기겠습니다.

2019년 7월 9일

이소노 마호 드림

감사의 말

이 책은 다음 세 분과 만나지 못했다면 나올 수 없었습니다.

우선 우리 만남의 계기가 되어준 '문예공화국 모임', 그 유쾌하고 엉망진창인 자리를 지금도 계속 만들고 있는 재야연구자 사카마키 시토네 씨.

우리 편지의 출발점이라 할 수 있는 '몸의 슬레'가 처음 만들어질 계기를 마련해준 하야시 리카 씨.

저자 중 한 명이 도중에 사라질지 모르고 결말이 보이지 않아서 손익을 고려하면 위험 부담이 대단히 큰 기획임에도 받아들여준 데다, 우리를 신뢰하여 출간을 향해 힘껏 선을 그려준 쇼분샤의 에사카 유스케 씨.

이 세 분이 없었다면 우리 편지가 시작되어 책이라는 형식을 갖추는 일은 결코 없었을 것입니다. 진심으로 감사드립니다.

미야노 마키코, 이소노 마호

덧붙이는 글

아직 미야노 씨가 보지 않은 '무대 뒤에서'와 '감사의 말' 원고를 가지고 햇빛이 아주 조금 비치는 병실에 들어선 것은 7월 9일 오후 6시가 조금 지난 때였습니다. 그 무렵 미야노 씨는 자신의 손으로 글을 타이핑하기는커녕 자신의 눈으로 글을 읽는 것조차 힘들었습니다. 하지만 두 원고만은 전에 스카이프로 본 적 있는 빨간 테 안경을 쓰고 끝까지 읽어주었습니다.

미야노 씨는 엄지를 세웠습니다. 제가 손을 내밀자 마주 잡더니 "이게 'webs of significance'구나. 이러면 지지 않을 거야."라고 갈라진 목소리로 분명히 말했습니다. 그래서 저는 답했습니다. "알았어. 약속을 지키며 살아가자." 일곱 차례 편지를 주고받고, 우리는 '약속'에 대해 이야기를 나누었습니다. '약속은 지키지 못하면 페널티가 있는 계약이나 책임과는 다르다. 약속은 신뢰를 발판으로 하는 희망과 기원이다'라고요

미야노 씨와 마지막으로 이야기한 것은 7월 21일 밤 8시 반. "미야노만큼 위험한 사람도 없지만, 미야노만큼 살아야 할 이유가 있는 사람도 없어." 도중부터 오열하며 말하는 저를 미야노 씨는 "아직 살아 있어. 괜찮아. 그렇게 울지 마."라고 다독여

주었습니다. "다시 돌아왔다."라고 중얼거리기도 했지요.

사실은 조금도 괜찮지 않았으면서.

미야노는 늘 "괜찮아." "아직 할 수 있어."라고 했습니다. 그렇게 살아서 우리의 약속을 지키려 했습니다.

7월 22일, 저는 중요한 게 있는지 봐달라는 어머님의 부탁을 받아서 미야노의 맥북을 열어보았습니다. 느닷없이 눈에 들어온 것은 열린 채로 있는 우리 편지의 폴더. 마지막으로 열어본 파일도 우리의 편지였습니다.

7월 6일 16시 56분. 입원하기 수 시간 전이었습니다.

무생물인 기계에서 살아남으려 하는 생명을 그렇게까지 느낀 적은 한 번도 없었고 앞으로도 없을 것입니다.

이튿날, 저는 와카야마로 가서 미야노의 방과 마주했습니다. 원래는 미야노가 태어나고 자란 이 방에서 우리끼리 합숙하려 했습니다. 실제로 만난 적은 다섯 번밖에 없지만, 우리는 이곳에서 처음으로 느긋하게 이야기를 나눌 예정이었습니다. 서로 마음속 깊이 바라왔던 약속의 풍경 중 하나였습니다.

더 이상 움직이지 못하는 미야노를 다른 곳에 둔 채 저 혼자 그 방에 발을 들일 줄은 꿈에도 몰랐습니다.

덧붙이는 글

○ ○ ○

　이틀 뒤, 미야노와 엇갈리듯이 새로운 계절이 찾아왔습니다. 와카야마에서 돌아오던 길, 고속도로를 나아갈수록 윤곽이 뚜렷한 구름이 뭉게뭉게 떠올랐고 점차 하늘이 오렌지색으로 물들었습니다. 저는 여름이 돌아올 때마다 철학자 미야노 마키코와 함께 약속의 한복판을 가로지른 나날과 그날 본 하늘의 빛깔을 떠올리겠죠.

　여덟 차례 편지를 주고받은 후, 미야노와 저는 참으로 많은 약속을 했습니다.

　"기대된다. 두근거려. 앞으로가."
　"그러게. 두근거린다는 말이 딱 맞네."
　"자, 이기러 가자."
　"무조건 이기는 거야. 무슨 일이 있어도."

　"좋은 여름이 될 거야."
　"최고의 여름이 될 거야."

옮긴이의 말

이소노 마호는 2020년 7월부터 미야노 마키코의 1주기와 책 출간 1주년을 맞이하여 책에는 미처 담지 못한 이야기와 소회를 자신의 블로그에 적었다. 그 글에 따르면 미야노 마키코는 편지를 주고받기 직전 이렇게 말했다고 한다.

"이번에 이소노 씨와 함께 일하면서 처음으로 나 자신을 철학자라고 말할 수 있을 것 같아. 기대돼요."

미야노 마키코는 20년 넘게 철학에 천착한 대학 교수이면서도 스스로를 철학자라 하길 주저했던 것이다. 그는 이 책에 철학자로서 자신만의 말을, 자신만의 세계를 담아냈다. 죽음의 문턱을 넘나들며 가쁜 호흡으로 쓴 문장은 때론 거칠고, 때론 논리가 비약하기도 한다. 그러나 미야노 마키코의 글은 어떤 철학서보다 단단하고, 어떤 에세이보다 내면 깊은 곳을 울린다. 그야말로 "기묘한 빛을 내며 다른 사람들이 생각조차 못했던 세계"를 보여준다.

'불확실성'으로 가득한 '우연'에 용기 있게 뛰어들어야 만날 수 있는 세계. 세계에 가득한 구불구불한 곡선을 효율·합리·성과를 무기 삼아 말끔한 직선으로 정리하는 글에서는 도저히 그런 세계를 만날 수 없다. 미야노 마키코의 인생이 그린 선과 닿을 수 있어서, 그의 선을 국내 독자에게 이어 전할 수 있어서, 책을 옮기는 내내 벅찬 감정을 느꼈다.

이 책의 또 다른 저자인 이소노 마호는 만남과 이별의 당사자임에도 미야노 마키코가 자신의 세계를 펼칠 수 있도록 든든한 버팀목이 되어주었다. 그리고 미야노 마키코가 세상을 떠난 후 이소노 마호는 스스로 학교를 떠나 '재야연구자'가 되었다. "사람은 알 수 없는 미래와 마주하며 어떻게 살아가는가. 인류학의 매력을 학문의 밖에서 찾고 싶다." 이소노 마호의 홈페이지 프로필에 쓰인 문구는 이 책에서 그려진 선이 지금도 뻗어가고 있음을 알려준다.

이 책에서 미야노 마키코가 마지막으로 쓴 글은 「들어가며」다. 2019년 7월 6일 「들어가며」를 쓴 미야노 마키코는 이튿날 긴급 입원을 했고, 7월 22일 눈을 감았다. 그가 생의 마지막에 남긴 문장이 많은 이들에게 닿아 실현되길 진심으로 바라 마지않는다.

"여러분이 보게 될 풍경이 그 인연 너머에 있는 '시작'으로 가득한 세계로 이어지길 기도합니다."

구키 슈조 지음, 이윤정 옮김, 『'이키'의 구조』 한일문화교류센터 2001.
마르틴 하이데거 지음, 이기상 옮김, 『존재와 시간』 까치 1998.
미키 기요시 지음, 이동주 옮김, 『인생론 노트』 기파랑 2011.
수전 손택 지음, 이재원 옮김, 『은유로서의 질병』 이후 2002.
클리퍼드 기어츠, 문옥표 옮김, 『문화의 해석』 까치 2009.

Arthur Kleinman, *Patients and Healers in the Context of Culture*, University of California Press 1981.
Åsa Boholm, "The cultural nature of risk: Can there be an anthropology of uncertainty?", *Ethnos* Vol. 68 Issue. 2, January 2003, 159–178면.
Barney G. Glaser and Anselm L. Strauss, *Awareness of Dying*, Routledge 2005.
Emanuel A. Schegloff, Gail Jefferson and Harvey Sacks, "The Preference for Self-Correction in the Organization of Repair in Conversation", *Language* Vol. 53, No. 2, June 1977, 361–382면.
Edward E. Evans-Pritchard, *Witchcraft, Oracles and Magic among the Azande*, Oxford University Press 1976.
Harvey Sacks, Emanuel A. Schegloff and Gail Jefferson, "A Simplest Systematics for the Organisation of Turn-Taking for Conversation", *Language* Vol. 50, No. 4, Part 1, December 1974, 696–735면.
Mary Douglas and Aaron B. Wildavsky, *Risk and culture*, University of California Press 1982.
Tim Ingold, *Lines: A Brief History*, Routledge 2007(1st edition).

磯野 真穂, 『なぜふつうに食べられないのか――拒食と過食の文化人類学』 春秋社 2015.
木村 敏, 『偶然性の精神病理』 岩波現代文庫 2000.
九鬼 周造, 『偶然性の問題』 岩波文庫 2012.

河野 真太郎, 『戦う姫、働く少女』 堀之内出版 2017.

波平 恵美子, 『いのちの文化人類学』 新潮選書 1996.

宮野 真生子, 『なぜ、私たちは恋をして生きるのか
　　　—「出会い」と「恋愛」の近代日本精神史』 ナカニシヤ出版 2014.

和辻 哲郎, 『倫理学 1-4』 岩波文庫 2007.

※ 미야노 마키코 씨가 인용하고 참고한 문헌 중에는 판과 수록된 매체가 여러 개인 경우가 있습니다. 또한 미야노 씨가 단행본이 아닌 전집, 또는 번역본이 아닌 원문을 참고한 경우도 있습니다. 그 때문에 이 책에 수록한 인용·참고문헌은 미야노 마키코 씨가 실제로 참고한 것과 반드시 일치하지는 않습니다. 관심 있는 독자들이 쉽게 찾아볼 수 있는 것을 우선해서 인용·참고문헌에 수록했습니다. 미야노 마키코 씨가 인용하고 참고한 문헌의 확인은 난잔대학의 오쿠다 다로 교수, 규슈산업대학의 후지타 히사시 교수가 도와주었습니다.

우연의 질병, 필연의 죽음
죽음을 앞둔 철학자가 의료인류학자와 나눈 말들

초판 1쇄 발행 2021년 3월 29일
초판 7쇄 발행 2023년 12월 7일

지은이 미야노 마키코·이소노 마호
옮긴이 김영현
펴낸이 김효근
책임편집 김남희
펴낸곳 다다서재
등록 제2023-000115호(2019년 4월 29일)
전화 031-923-7414
팩스 031-919-7414
메일 book@dadalibro.com
인스타그램 https://www.instagram.com/dada_libro

한국어판 ⓒ 다다서재 2021
ISBN 979-11-968200-9-1 03100